《华语研究与国际教育书系》
主编：朱 斌　副主编：伍依兰　万 莹

Analysis on Monosyllabic and Disyllabic Verb with the Same Morpheme

留学生常用
同素同义单双音节动词辨析

金桂桃　陶 玲◎著

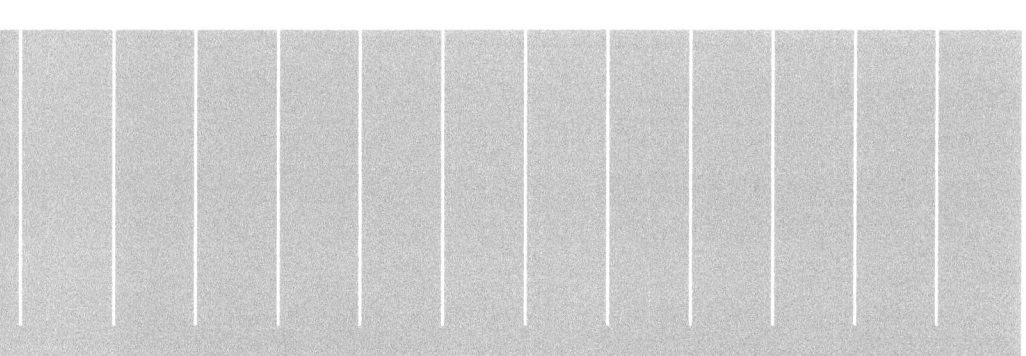

中国出版集团
世界图书出版公司
广州·上海·西安·北京

图书在版编目（CIP）数据

留学生常用同素同义单双音节动词辨析 / 金桂桃，陶玲著 . — 广州：世界图书出版广东有限公司，2016.9
ISBN 978-7-5192-1816-4

Ⅰ . ①留… Ⅱ . ①金… ②陶… Ⅲ . ①汉语—动词—对外汉语教—教学研究 Ⅳ . ① H195.3

中国版本图书馆 CIP 数据核字 (2016) 第 215923 号

留学生常用同素同义单双音节动词辨析

策划编辑	孔令钢
责任编辑	黄　琼
出版发行	世界图书出版广东有限公司
地　　址	广州市新港西路大江冲 25 号

http:// www.gdst.com.cn

印　　刷	虎彩印艺股份有限公司
规　　格	710mm×1000mm　1/16
印　　张	18.75
字　　数	313 千
版　　次	2016 年 9 月第 1 版　2017 年 07 月第 2 次印刷
ISBN	978-7-5192-1816-4 / H・1081
定　　价	56.00 元

版权所有，翻版必究

前　　言

本书主要为对外汉语教学领域的教师和学生提供参考。

同素同义单双音节动词，即含有同一个语素的单、双音节同义动词，是汉语同义词中比较特殊的一类，也是留学生汉语学习的难点之一。

本书主要以《汉语水平词汇与汉字等级大纲》中收录的同素同义单双音节动词为收词对象；极少数双音节动词选自《汉语教程》（杨寄洲主编）系列留学生汉语教材。各词语都标注等级、拼音、释义以及对应的英文翻译。每组词皆包括"词语释义"、"词语辨析"、"自测练习"和"参考答案"四个部分。

其中，"词语释义"主要依据《现代汉语词典》（2012年版）和孟琮等《汉语动词用法词典》，择录其常用意义，并附列相应例句。

"词语辨析"部分，皆先对各组词语意义方面的异同进行概述，再重点对各组词语在用作相同意义时用法方面的异同进行辨析。每一处辨析，皆先用汉语说明各组同义词用法上的异或同，并翻译成相应的英文，然后再列举相应的例句具体展示各组词语相同或相异的用法。

"自测练习"和"参考答案"部分主要根据各组词语的辨析要点而设计，目的在于帮助学习者自己检查对各组同义词异同点掌握的程度。

本书主要具有两大特色：

1. 切入点新，实用性强。一般的词语都有若干个意义。同义词意义方面的差异可以通过翻阅词典等工具书来解决，但是各组同义词即使在用作同一意义时，其用法亦有诸多不同，这才是让语言学习者最为困惑的难题。本书主要解决的正是这类难题。

2. 重点突出，通俗易懂。本书虽然涵盖各组同义词语的等级、拼音、释义、辨析、练习等多项内容，但主要篇幅是对各组词语在用作相同意义时用法的异同进行辨析。全书无论是分析说明还是列举例句，皆尽量使用简洁明了的语言，以达到易读、易懂、好用的目的。

凡　　例

一、本书主要根据《汉语水平词汇与汉字等级大纲》收录词语 109 组，218 条。

二、按单音节动词的汉语拼音字母顺序排列，词条包含词目、词级、注音、释义、辨析、练习及参考答案七部分。

三、依据《汉语水平词汇与汉字等级大纲》划分的等级，于词语右下角标出甲、乙、丙、丁，如：学_甲。极少数几个选自杨寄洲主编《汉语教程》等系列教材常用的双音节动词，则未标注，如：催促。

四、释义分条列举，根据《现代汉语词典》和《汉语动词用法词典》，并结合作者多年从事对外汉语教学的实践，确定各词条的常用意义，用（1）（2）（3）等标注；释义中举例力求简短，不止一例的，例与例之间用"|"隔开；例句多来自现代汉语口语或报刊文章，为避免干扰阅读，不标出处。

五、辨析部分，分析说明性文字皆有汉、英两种文字，并列举相应的例句以帮助学习者更好地理解。

六、为便于留学生进行自我检测，本书在词语辨析之后设计了"自测练习"，并附列参考答案。

检索表

B · · · · · · 001

- 摆甲 & 摇摆丙 · · · · · · 001
- 败乙 & 失败乙 · · · · · · 003
- 搬甲 & 搬运丁 · · · · · · 006
- 办甲 & 办理丙 · · · · · · 008
- 帮丙 & 帮助甲 · · · · · · 011
- 变甲 & 变化甲 · · · · · · 014
- 病甲 & 生病丙 · · · · · · 016

C · · · · · · 020

- 猜乙 & 猜测丁 · · · · · · 020
- 查乙 & 检查甲 · · · · · · 023
- 抄乙 & 抄写乙 · · · · · · 026
- 超乙 & 超过乙 · · · · · · 029
- 催乙 & 催促 · · · · · · 031

D · · · · · · 034

- 答乙 & 回答甲 · · · · · · 034
- 当乙 & 当作乙 · · · · · · 036
- 等乙 & 等待乙 · · · · · · 039
- 等乙 & 等候丙 · · · · · · 041
  - 附："等待"与"等候"的差异 · · · · · · 043

递乙 & 传递丁 ·· 045
定甲 & 决定甲 ·· 047
丢甲 & 丢失丁 ·· 050
抖丙 & 颤抖丙 ·· 053
读甲 & 阅读乙 ·· 055
躲乙 & 躲避丁 ·· 058
躲乙 & 躲藏丁 ·· 061
　　附："躲藏"与"躲避"的差异 ·· 063

F ··· **065**
罚丙 & 惩罚丁 ·· 065
罚丙 & 处罚丁 ·· 068
　　附："惩罚"和"处罚"的差异 ·· 070
扶乙 & 搀扶 ·· 071

G ··· **074**
改甲 & 改变甲 ·· 074
改甲 & 改正乙 ·· 077
跟甲 & 跟随丁 ·· 079
怪乙 & 责怪丁 ·· 082
关甲 & 关闭丁 ·· 085
过丙 & 经过甲 ·· 087

H ··· **091**
还甲 & 归还丁 ·· 091
换甲 & 交换甲 ·· 093
悔丁 & 后悔乙 ·· 096

J ··· **099**
挤甲 & 拥挤丙 ·· 099
记甲 & 记录乙 ·· 102
寄甲 & 邮寄丁 ·· 104
加甲 & 增加甲 ·· 107
奖乙 & 奖励丙 ·· 109

接甲&迎接乙	111
拒丁&拒绝乙	114

K 117

开甲&打开	117
考乙&考试甲	120
靠乙&依靠乙	123
夸丙&夸奖丁	125

L 128

拦乙&阻拦丁	128
练乙&练习甲	131

M 134

买甲&购买丙	134
瞒丙&隐瞒丁	137
摸乙&抚摸	139

P 143

怕乙&害怕乙	143
陪乙&陪同丙	145
赔乙&赔偿丙	149
骗乙&欺骗乙	151

Q 155

抢乙&抢劫乙	155
请甲&请求乙	158
求乙&请求乙	162

R 165

忍乙&忍耐丙	165
忍乙&忍受丙	168

S 171

伤乙&伤害丙	171
胜乙&胜利甲	174

剩甲&剩余丙 ·· 177
睡甲&睡觉甲 ·· 180
死甲&死亡乙 ·· 183
算甲&计算乙 ·· 186

T ·· 189

逃乙&逃避丙 ·· 189
逃乙&逃跑丁 ·· 191
　　附："逃跑"和"逃避"的差异 ·································· 194
疼甲&疼痛丁 ·· 195
　　附："痛"的意义和用法 ··· 197
替乙&代替乙 ·· 198
挑乙&挑选丙 ·· 201
贴乙&粘贴 ·· 204
停甲&停留丙 ·· 207
停甲&停止乙 ·· 209
偷乙&偷窃丁 ·· 212

W ··· 215

完甲&完成甲 ·· 215
忘甲&忘记乙 ·· 218
围乙&围绕乙 ·· 220
吻丙&亲吻 ·· 223
误丙&耽误丙 ·· 225

X ·· 229

吓甲&吓唬 ·· 229
想甲&想念乙 ·· 232
信甲&相信甲 ·· 234
修乙&修理乙 ·· 237
选乙&挑选丙 ·· 240
　　附："挑选"和"选择"的差异 ·································· 242
学甲&学习甲 ·· 243

Y ... 247

- 演乙 & 表演甲 ... 247
- 演乙 & 演出甲 ... 250
  - 附："表演"和"演出"的差异 ... 251
- 摇乙 & 摇摆丙 ... 253
- 摇乙 & 摇晃丙 ... 256
  - 附："摇摆"和"摇晃"的差异 ... 257
- 要甲 & 需要甲 ... 259
- 应丙 & 答应乙 ... 261
- 用甲 & 使用甲 ... 264
- 有甲 & 具有乙 ... 267
- 有甲 & 拥有丁 ... 269
  - 附："具有"与"拥有"的差异 ... 272
- 怨丙 & 埋怨丁 ... 272
- 愿丙 & 愿意甲 ... 275

Z ... 278

- 找甲 & 寻找乙 ... 278
- 治乙 & 治疗丙 ... 281
- 住甲 & 居住丙 ... 284
- 祝甲 & 祝愿丙 ... 287

参考书目 ... 290

B

摆甲 & 摇摆丙

词语释义 (Explanation of Words)

摆 bǎi

（1）安放；陈列（put; place; present）：摆椅子｜桌子上摆着一个花瓶｜摆事实

（2）显示；炫耀（put on; assume）：摆架子｜摆阔气｜摆老资格

（3）来回摇动；摇摆（sway; swing; wave）：摆手｜小狗摆着尾巴｜摆旗子

摇摆 yáobǎi

向相反的方向来回地移动或变动 (sway; swing; move to and fro)：小狗摇摆着尾巴

词语辨析 (Analysis)

"摆"至少有以上三个常用意义，其中第一、第二个意义是"摇摆"所没有的，只有第三个意义与"摇摆"义同。

摆 has at least three common meanings as above, among which only the third one is the same as 摇摆.

"摆"用作第三个意义时，与"摇摆"在用法上的异同主要有：

When 摆 is used in the third meaning, the similarities and differences in usages between 摆 and 摇摆 can be expressed as followings:

（1）二者都可以直接带宾语，如：

Both of them can carry object.

孩子们在摆国旗。

孩子们在摇摆国旗。

但是，单音节宾语前多用"摆"。如：

But when the object is monosyllable, generally 摆 will be used.

老师在向我们摆手。
小狗在向他摆尾。

（2）二者都可以用于"动+着+宾"格式，如：
Both 摆 and 摇摆 can be used in the pattern of *verb* ＋着＋ *object*.

小狗儿高兴地摆着尾巴。
小狗儿高兴地摇摆着尾巴。

但是，如果是整个身体的动作，则要用"摇摆"。如：
But if the object refers to the whole of one's body, generally 摇摆 should be used.

他摇摆着肥胖的身体向我走来。

（3）二者都可以重叠，但是重叠后意义和用法皆不同："摆摆"侧重于指动作，故可带宾语；而"摇摇摆摆"则多指一种状态，一般不能带宾语。如：
Both 摆 and 摇摆 can be used in reduplicated form, but the reduplication of them is different both in meaning and usage: 摆摆 refers to the action, it can carry object; but 摇摇摆摆 refers to a kind of state, it cannot carry any object.

司机笑着摆摆手说："没事儿。"
他只是摆一摆头，并没说什么。
他摇摇摆摆地往外走去。
这张桌子摇摇摆摆的，我们换一张吧。

（4）"摇摆"可用作定语，"摆"则一般不能。如：
摇摆 can be used as attribute modifier, but generally 摆 cannot.

他们在跳摇摆舞。
那张摇摆的桌子呢？

（5）二者都可以带趋向补语、状态补语等，如：
Both 摆 and 摇摆 can carry directional complement, state complement, etc.

他对我摆起手来了。
树枝又摇摆起来了。
船摆得我都站不稳了。
般摇摆得我都站不稳了。

但是，"摆"还可以接结果补语，而"摇摆"则一般不能。如：

摆 can also carry result complement, but 摇摆 generally cannot.

树枝在摆动。
我的手都摆累了。

另外,"摇摆"有些习惯用法,如"摇头摆尾""大摇大摆""左摇右摆""三摇两摆""一摇一摆"等:

In addition, 摇摆 has some idiomatic usages, such as 摇头摆尾, 大摇大摆, 左摇右摆, 三摇两摆, 一摇一摆, and so on.

小狗高兴得摇头摆尾的。
她大摇大摆地走出去了。
她抓起他的手,小孩似的左摇右摆着。
他从那边三摇两摆地走了过来。(这里也可以用"一摇一摆",意思差不多)

自测练习:用"摆"或者"摇摆"填空。
Exercise: Please fill in the blanks with 摆 or 摇摆.

1. 我急忙____手说:"不去。"
2. 你不停地____着头是什么意思?
3. 她一边唱歌一边左右____着身体。
4. 如果看见了自己的队员就_____旗子。
5. 那个人走路_____的,好像喝醉了。
6. 有时候坐在____的车上还是很舒服的。
7. 那个孩子不停地____动旗子。
8. 人被船____得想睡觉了。

参考答案 (Answers):1. 摆; 2. 摆/摇摆; 3. 摇摆; 4. 摆,摆;
5. 摇摇摆摆; 6. 摇摆; 7. 摆; 8. 摆/摇摆

败₂ & 失败₂

词语释义 (Explanation of Words)

败 bài

(1) 在战争或竞赛中失败(与"胜"相对) (lose; be defeated):败退 | 败局

（2）战胜，使失败 (defeat)：大败对手
（3）搞坏 (spoil)：败坏｜败露

失败 shī bài

在战争或竞赛中被对方打败（跟"胜利"相对）(fail; be defeated; lose)：他失败了

词语辨析 (Analysis)

"败"至少有以上三个常用义，只有第一个意义与"失败"义同，第二、三个意义是"失败"没有的。

败 has at least three common meanings as above, among which only the first one is the same as 失败.

"败"用作第一个义项时，与"失败"在用法上的异同主要有：

When 败 is used in the first meaning, the similarities and differences in usages between 败 and 失败 can be expressed as followings:

（1）"败"可以带宾语，而"失败"则不能。如：

败 can carry object, but 失败 can not.

昨天的比赛，我们队大败对手。

（2）二者都可以接趋向补语、状态补语等，如：

Both 败 and 失败 can carry directional complement, state complement, etc.

我们不能这么败下去。
我们不能这么失败下去。
没想到他们败得这么惨。
没想到他们失败得这么惨。

但是，"败"还可以接单音节的补语，而"失败"则一般不能。如：

But 败 can also carry monosyllabic complement, but generally 失败 cannot.

这场比赛他们班败定了。
这次我们败惨了。

（3）"败"可以用作结果补语、可能补语等，而"失败"则不能：

败 can be used as result complement, potential complement, but 失败 can not.

我们终于打败了对方。
我们击不败他们。

（4）二者都可以直接用作单音节名词的定语（不用助词"的"），不过，"者""感"前多用"失败"。如：

Both 败 and 失败 can be used as attribute modifier for monosyllabic noun, without the help of particle 的. But generally 者 and 感 will follow 失败.

一开始就注定了这是个败局。
我们曾经打过一场败仗。
她是个失败者。
我有一种失败感。

（5）"失败"前可加定语修饰语，可用作介词的宾语，"败"则一般不能：

失败 can follow attribute modifier, can be used as the object of preposition. But 败 cannot be used in this way.

我的失败是你造成的。
面对失败，我们不能灰心。

（6）单独作谓语时，多用"失败"。如：

失败 can be used as predicate independently, but generally 败 cannot be used in this way.

她这次考试失败了。
看来这次谈话失败了。

（7）"失败"前可加程度副词，"败"则不能。如：

失败 can follow degree adverb, but 败 cannot.

这次实验很失败。
我觉得自己非常失败。

自测练习：用"败"或者"失败"填空。

Exercise: Please fill in the blanks with 败 or 失败.

1. 我们班不能____给他们。
2. 连续几次都是这样，我是真的____伤了。
3. 我们终于打____了他们。
4. 他总觉得自己是个____者。
5. 他的____说明了什么？
6. 对于____的看法，我跟许多人不同。

7．这次相亲很____。

8．我们____得很痛苦。

参考答案 (Answers)：1．败； 2．败； 3．败； 4．失败；
5．失败；6．失败；7．失败；8．败 / 失败

搬甲 & 搬运丁

词语释义 (Explanation of Words)

搬 bān

（1）移动物体的位置 (move; take away)：搬书｜搬椅子｜搬桌子｜搬东西

（2）迁移 move (house)：搬家｜搬迁

搬运 bānyùn

把物体从一个地方运送到另一个地方 (move; transport)：搬运货物｜搬运行李

词语辨析 (Analysis)

"搬"至少有以上两个常用义，其中第一个意义与"搬运"义同。

搬 has at least two common meanings as above, but 搬运 only has one, which is the same as the first meaning of 搬。

当"搬"用作第一个意义时，它与"搬运"在用法上的异同主要有：

When 搬 is used in the first meaning, the similarities and differences in usages between 搬 and 搬运 can be expressed as followings:

（1）二者都可以带宾语，但意思稍有差异："搬＋宾语"可能有两个意思：一表示通过"搬"的动作使宾语所指的人或物体离开地面（并不从一个地方到另一个地方）；二表示通过"搬"的动作使宾语所指的人或物体从一个地方到另一个地方。而"搬运＋宾语"则一定表示通过"搬运"的动作使宾语所指的人或物体从一个地方移到另一个地方。如：

Both 搬 and 搬运 can carry object, but the pattern of 搬＋object possibly has two meanings: one refers to lift the object off the ground, but not from one place to another place; the other meaning is to make the object move from one place to another place. But the pattern of 搬运＋object just has the second meaning of 搬＋object.

他们正在搬桌子。("桌子"可能发生水平位移,也可能只被"搬"着或搬起来。)
他们正在搬运桌子。("桌子"一定从一个地方移到另一个地方。)
我们在忙着搬伤员。("伤员"可能只是被搬上搬下或者只是被搬起来。)
我们在忙着搬运伤员。("伤员"一定要从这个地方运送到另一个地方去。)
把梯子搬起来。("梯子"只是被搬起来,不发生水平位移,所以不用"搬运"。)

(2)单音节宾语前,多用"搬"。如:

When the object is monosyllabic word, generally 搬 will be used.

我去搬椅。
她不喜欢搬煤。

(3)如果距离很近,则一般用"搬"。如:

If the departure place is very close to the terminal place, generally 搬 will be used.

请把这个书柜搬到房间外边去。
他回房间搬了一张椅子后,就走了。
她从房间里搬出一张桌子。
他搬过卡片盒来,随手翻阅着那些卡片。
他们搬一箱书上去了。

(4)二者都可带"数量名"宾语,不过数词"一"位于"搬"后时可以省略,而位于"搬运"后时则不能省去。如:

The construction of *numeral + quantifier + noun* can follow both 搬 and 搬运, but the numeral 一 after 搬 can be omitted, and cannot be omitted when it is after 搬运.

请帮我搬(一)张桌子。
请帮我搬运一张桌子。

(5)二者都可后接处词语,不过介词"到"位于"搬"后时可以省略,而位于"搬运"后时则不能省去。如:

Location words can be used both after 搬 and 搬运, but the preposition 到 after 搬 can be omitted, and cannot be omitted when it is after 搬运.

请把这个书柜搬(到)车站去。
请把这个书柜搬运到车站去。
你把那些东西搬(到)哪儿去了?
你把那些东西搬运到哪儿去了?

（6）"搬运"可直接用作定语修饰语（无须助词"的"），"搬"则不能。如：
搬运 can be used as attribute modifier without the help of particle 的, but 搬 cannot.

他是一个搬运工。

人们的搬运速度更快了。

（7）"搬运"前可加定语修饰语，"搬"前一般不能。如：
搬运 can follow attribute modifier, but 搬 generally cannot.

这种搬运很麻烦。

我对你们的搬运很满意。

自测练习：用"搬"或者"搬运"填空。

Exercise: Please fill in the blanks with 搬 or 搬运.

1. 王老师昨天____家了。
2. 请把椅子____一下，我要扫地了。
3. 请把这个箱子____外面去。
4. 请把这些被子____到车站去。
5. 我不喜欢做____工人。
6. 他们每天都用卡车____货物。
7. 你知道哪儿有____公司吗？
8. 炸药的____很危险。

参考答案 (Answers)：1. 搬； 2. 搬； 3. 搬； 4. 搬 / 搬运；
5. 搬运；6. 搬运；7. 搬运；8. 搬运

办甲 & 办理丙

词语释义 (Explanation of Words)

办 bàn

（1）办理；处理；料理（do; handle）：办公 | 办手续 | 办喜事 | 办护照

（2）创设；经营（set up; run）：办学校 | 办公司

（3）操办；置办（get sth. ready）：办年货 | 办婚礼

办理 bànlǐ

处理 [事务]（handle; transact）：办理手续｜办理护照｜办理汇款

词语辨析 (Analysis)

"办"至少有以上三个常用义，其中第一个意义与"办理"义同。

办 has at least three common meanings as above, among which only the first one is the same as 办理 .

当"办"用作第一个义项时 , 与"办理"在用法上的异同主要有：

When 办 is used in the first meaning, the similarities and differences in usages between 办 and 办理 can be expressed as followings:

（1）二者都可以带宾语，如：

Both of them can carry object.

他们已经办了结婚手续。
他们已经办理了结婚手续。
我明天去办护照。
我明天去办理护照。
你什么时候去办签证?
你什么时候去办理签证?

不过，当宾语是单音节词时，一般用"办"，不用"办理"。如：

But when the object is monosyllabic word, generally 办 will be used.

明天我要去北京办事。
你还在办案吗?

（2）二者皆可接趋向补语、可能补语、状态补语、结果补语"好""完"等，如：

Both 办 and 办理 can carry directional complement, potential complement, state complement, result complement 好 and 完 .

他认真地办起签证手续来。
他认真地办理起签证手续来。
他的房产证可能办不下来。
他的房产证可能办理不下来。
这个案子他办得很好。
这个案子他办理得很好。

入学手续办好了。
入学手续办理好了。
办完护照就出国。
办理完护照就出国。

但是，"办"还可接其他的结果补语，如：

But besides 好 and 完, other result complement generally will follow 办.

事情办砸了。
你的登机手续办妥了？
这个案子办惨了。

（3）如果句中有"事宜""事务""事项"等书面词语，则用"办理"。如：

If there are some words in written language, such as 事宜, 事务, 事项, and so on, generally 办理 will be used.

她愿意自己回去办理有关事宜。
经理在办理旅行购票事项。
请帮忙办理留学生入学食宿等事务。

（4）"办理"可直接用作定语（无须助词"的"），"办"则不能。如：

办理 can be used as attribute modifier without particle 的, but 办 cannot be used in this way.

我想听听你们对这件事情的办理意见。
他在向经理汇报办理结果。

（5）"办"可重叠，"办理"则一般不能。如：

办 can be used in reduplicated form, but 办理 generally cannot.

有件事情想请你帮我办办。
办办公，聊聊天，一天就过去了。

（6）"办"可用作构成其他词语的词素，如"办公""办法""操办""承办""照办"：

办 can be used as morpheme to build other words, such as 办公, 办法, 操办, 承办, 照办, and so on.

我正在办公。

妈妈有一个好办法。

爸爸准备给我操办婚事。

这次会议由我们学校承办。

一切照办就事。

自测练习：用"办"或者"办理"填空。

Exercise: Please fill in the blanks with 办 or 办理.

1. 你们什么时候____结婚手续？
2. 他出去____事。
3. 签证怎么还没____下来呢？
4. 毕业手续已经____好了。
5. 这件事情____砸了。
6. 他正在____回国事宜。
7. ____结果让人不太满意。
8. 你怎么还在____公啊？

参考答案 (Answers)：1. 办 / 办理； 2. 办； 3. 办 / 办理； 4. 办 / 办理；
5. 办； 6. 办理； 7. 办理； 8. 办

帮丙 & 帮助甲

词语释义 (Explanation of Words)

帮 bāng

帮助（help）：帮他｜帮朋友｜帮我写作业｜请帮我一下儿

帮助 bāngzhù

替人出力、出主意或给以物质上、精神上的支援（help; aid）：帮助他｜帮助我学习

词语辨析 (Analysis)

"帮"和"帮助"在语义上完全相同，用法上的异同主要有：

The meaning of 帮 is identical with 帮助. The similarities and differences in their usages can be expressed as followings:

（1）二者都可以带名词性宾语、双宾语、兼语宾语等，如：
Both 帮 and 帮助 can carry nominal object, double object, and *jianyu* object, etc.

他总是尽力帮朋友。
他总是尽力帮助朋友。
她想帮我十块钱。
她想帮助我十块钱。
妈妈帮孩子学习。
妈妈帮助孩子学习。

不过，"帮助"还可以带动词性宾语，"帮"则一般不能。如：
The object of 帮助 can also be a verbal phrase, but generally 帮 cannot carry verbal object.

男人们也帮助去抬病人。
他又不能帮助解决问题，找他干什么？
我想帮助做点儿什么。

（2）"帮"后可以带助词"着"，"帮助"一般不能这样用。如：
帮 can be followed by particle 着, but generally 帮助 cannot.

他总是帮着我。
同学们帮着把蜡烛插上蛋糕。
我们都帮着他在屋里找钥匙。

（3）二者都可以带趋向补语、可能补语、结果补语，如：
Both 帮 and 帮助 can carry directional complement, potential complement, result complement.

我们得继续帮下去。
我们得继续帮助下去。
他帮不了任何人。
他帮助不了任何人。
每次帮完别人，他总是很高兴。
每次帮助完别人，他总是很高兴。

不过，除了"完"以外，其他结果补语后面如果还有宾语，则动词多用"帮"。如：
But besides 完, if there is object after other result complement, generally 帮 will be used.

我帮错人了。
你帮好了这件事情，我就让你当经理。

（4）"帮助"可用作宾语或者宾语中心语，"帮"则一般不能。

帮助 can be used as object or the center word of object, but 帮 cannot be used in this way.

我需要你的帮助。
这些知识对你会有帮助。
他得到了很多人的帮助。

（5）"帮"可以直接用作少量单音节名词的定语（无须助词"的"），"帮助"则一般不能这样用。如：

帮 can be used as the attribute modifier for a few monosyllabic nouns, without the help of particle 的, but 帮助 generally cannot be used in this way.

我需要一个帮手。
他是帮凶。
怎么个帮法呢？

（6）"帮"可重叠，"帮助"一般不这样用。如：

帮 can be used in reduplicated form, but 帮助 cannot.

请帮帮我！
你总得帮帮好朋友吧。

另外，"帮助"可以说"互相帮助""在……的帮助下"，如：

In addition, 帮助 can be used in some patterns, such as 互相帮助, 在……的帮助下.

我们应该互相帮助。
在老师的帮助下，我的汉语水平提高得很快。

"互相帮助"可以说成"互帮"，如：

Sometimes, 互相帮助 will be said as 互帮.

同学们在一起互帮互学，非常快乐。

自测练习：用"帮"或者"帮助"填空。

Exercise: Please fill in the blanks with 帮 or 帮助.

1. 他喜欢____妈妈干活儿。
2. 谁能____克服困难？
3. 请____着拿一下。
4. 我明天就要回国，____不成你了。
5. 谢谢你的____。
6. 你有____手吗？
7. 每一个人都需要____。
8. 你能不能____ ____我？

参考答案 (Answers)：1．帮 / 帮助；2．帮助；3．帮； 4．帮；
5．帮助； 6．帮； 7．帮助；8．帮，帮

变甲 & 变化甲

词语释义 (Explanation of Words)

变 biàn

（1）和原来不同；变化（become different; change）：她变了｜天气变了

（2）改变；变成（change into; become）：叶子变红了

（3）表演（戏法、魔术）（perform conjuring tricks)）：变魔术｜他用纸变出钱来

变化 biànhuà

事物产生新的状况（change; vary）：这儿发生了很大的变化｜他的脸色开始变化

词语辨析 (Analysis)

"变"至少有以上三个常用义，其中第一个意义与"变化"义同。

变 has at least three common meanings as above, among which only the first one is the same as 变化.

当"变"用作第一个义项时，与"变化"在用法上的异同主要有：

When 变 is used in the first meaning, the similarities and differences in usages between 变 and 变化 can be expressed as followings:

（1）"变"能带宾语，"变化"不能带宾语。如：

变 can carry object, but 变化 cannot.

她吓得变了脸。

变天了。

这菜变味了。

你变了声音我也听得出是你。

（2）单独作谓语（不带宾语）时，"变化"的主语一般不能是人，而"变"则没有这个限制。如：

When there is no object, the subject of 变化 cannot be a person, but 变 has no limit to this.

他的脸色开始变了。

他的脸色开始变化了。

天空的颜色在不停地变。

天空的颜色在不停地变化。

他变了。

爸爸变了。

（3）二者都可接状态补语、趋向补语等，如：

Both 变 and 变化 can carry state complement, directional complement, degree complement.

这个城市变得我都认不出来了。

这个城市变化得我都认不出来了。

天气这样变下去，对庄稼是非常不利的。

天气这样变化下去，对庄稼是非常不利的。

不过，"变"还可接结果补语、可能补语，而"变化"则一般不能。如：

变 can also carry result complement, potential complement, but generally 变化 cannot.

他变傻了。

她变漂亮了。

速度变快了。

人的性格变得了吗？

你的脾气到底变得好变不好？

（4）"变"可用于"把"字句和"被"字句，而"变化"则一般不能。如：

变 can be used in ba- sentence and bei- sentence, but 变化 cannot.

她把脸一变，吓得我们赶快跑了。

教室被变成了舞厅。

（5）如果前面的修饰语是单音节词，则多用"变"。如：

If the modifier is monosyllabic word, generally 变 should be used.

今天他的态度全变了。
傍晚，天气突变。

（6）"变化"可用作名词，而"变"则不能。如：

变化 can be used as a noun, but 变 cannot.

她说话的语气有变化。
这里发生了很大的变化。
你的变化太大了。

自测练习：用"变"或者"变化"填空。

Exercise: Please fill in the blanks with 变 or 变化.

1. 我没想到他____心了。
2. 你____了。
3. 这个地方每天都在____。
4. 山本____坏了。
5. 我不想把自己____丑。
6. 这个世界____得太快了。
7. 是谁把孩子____成了"电视迷"？
8. 情况突然发生了____。

参考答案 (Answers)：1. 变；2. 变；　　3. 变 / 变化；4. 变；
　　　　　　　　　　5. 变；6. 变 / 变化；7. 变；　　8. 变化

病甲 & 生病丙

词语释义 (Explanation of Words)

病 bìng
生理上或心理上发生不正常状态 (fall ill; be taken ill)：我病了｜班上病了三个同学

生病 shēngbìng
生物体发生疾病 (fall ill; be taken ill)：我生病了｜他妈妈总是生病

词语辨析 (Analysis)

"病"与"生病"的意义基本相同,单独用作谓语时可以互换,如:

The meaning of 病 is basically the same as 生病. When 病 is used as predicate independently, it can be substituted for 生病.

我病了,今天不能去上课。
我生病了,今天不能去上课。
A:你怎么了?
B:我(生)病了。

二者用法上的差异主要有:

The different usages between 病 and 生病 can be expressed as followings:

(1)"病"可以带"数+量+名"宾语,而"生病"则不能。如:

病 can carry object acted by *numeral + quantifier + noun*, but 生病 cannot.

他们家病了三个人。
你们班病了几个同学?

(2)"病"可用作名词,充当宾语和定语。但是"生病"则不能。如:

病 can be used as a noun, to work as object and attribute modifier. But 生病 cannot.

她有病。
我明天去看病。
医院里有很多病人。
这是一只病猫。
那个病老头儿脾气很不好。
我还躺在病床上,请帮我请一个病假。

(3)"病"前可加各种定语修饰语,而"生病"则一般不能。如:

病 can be used as the center word of disease name, but 生病 cannot.

他有精神病。
你得了什么病?是胃病吗?
传染病很可怕。
得了艾滋病就麻烦了。

(4)"病"可以直接用作结果补语,而"生病"则一般不能。如:

病 can be used as result complement, but generally 生病 cannot.

妈妈想我都想病了。
她连续工作了八天,终于累病了。
别把孩子吃病了。

(5)"生病"可以直接用作状态补语,而"病"则一般得带上结果补语后再一起充当状态补语,如:

生病 can be used as state complement directly; but 病 has to be together with its result complement, and then to work as a state complement.

爷爷气得生病了。
孩子冻得生病了。
爷爷气得病死了。
妈妈累得病倒了。

(6)"病"可接趋向补语、程度补语、状态补语、可能补语、结果补语、时量补语等,"生病"则很少或不能这样用。如:

病 can carry directional complement, degree complement, state complement, potential complement, result complement, complement of duration, etc. But 生病 seldom can be used in this way.

我不能再这么病下去了。
奶奶病得很厉害。
他爷爷病得起不来床了。
不是你给孩子穿少了衣服,他病得了吗?
那个老人病倒了。
她病十天了。

(7)"生病"前面可以加"在","病"则一般不能。如:
在 can be used before 生病, but cannot before 病。

我昨天没叫你,是因为你在生病。
他还在生病,所以不能来参加晚会。

(8)"生病"中间可插入数量词等修饰语。如:

Numeral + quantifier construction can be used between 生 and 病。

我生过两场大病。
来中国后，你生过几次病？

自测练习：用"病"或者"生病"填空。
Exercise: Please fill in the blanks with 病 or 生病.

1. 最近你们班怎么这么多人____了？
2. 最近你们班怎么____了这么多人？
3. 他有____。
4. 这家医院还有很多____房。
5. 她得了皮肤____。
6. 她的孩子是冻____的。
7. 她累得____了。
8. 老师好像正在____，我们最好不去打扰她。
9. 他的奶奶____倒了。
10. 他____得走不了路了。

参考答案(Answers)：1．病／生病；2．病； 3．病； 4．病；5．病；
6．病； 7．生病；8．生病；9．病；10．病

C

猜 乙 & 猜测 丁

词语释义 (Explanation of Words)

猜 cāi

根据不明显的线索或凭想像来寻找正确的解答 (guess)：猜谜语｜你猜他送什么礼物

猜测 cāicè

推测，凭想像估计 (guess)：他们都在猜测我的年龄｜你的猜测是对的

词语辨析 (Analysis)

"猜"和"猜测"的意思基本相同，二者在用法上的异同主要有：

The meaning of 猜 is basically the same as 猜测. The similarities and differences in their usages can be expressed as followings:

（1）二者都可以接宾语，如：

Both 猜 and 猜测 can carry object.

我们都在猜他的年龄。
我们都在猜测他的年龄。
有人猜他是自杀的。
有人猜测他是自杀的。

但是，如果宾语是单音节词，则一般只能用"猜"，如：

But if the object is monosyllabic word, generally 猜 will be used.

我不喜欢猜谜。
他们一边喝酒一边猜拳。

如果宾语由疑问代词充当或者包含疑问代词，则动词多用"猜"，如：

If the object of a sentence is interrogative pronoun, or the object includes interrogative pronoun, the predicate generally should be 猜, but not 猜测.

他昨天没来上课，你猜为什么？
你猜她是谁？
你猜这件衣服多少钱？
他住在医院里，你猜是哪家医院？

（不过，如果"猜测"后有动量结构"一下"，则也可这样用，如以上4个疑问句中的"猜"皆可换成"猜测一下"。But, all 猜 in the above sentences can be substituted for 猜测一下。）

宾语比较长时，"猜测"后面可以有停顿（形式上用逗号隔开），而"猜"一般不这样用。如：

If the object is a comparative long clause, generally 猜测 should be used as the predicate, and a comma will be used between the predicate and the object.

有些科学家猜测，这种强烈的爆发和黑洞有关。
人们猜测，这伙人与世界告别的时间快到了。

（2）二者都可以接趋向补语和动量补语，如：

Both 猜 and 猜测 can carry directional complement and action-measured complement.

谁能猜出这个故事的结局？
谁能猜测出这个故事的结局？
我以前猜过一回。
我以前猜测过一回。

但是，"猜"还可接结果补语、可能补语、状态补语，而"猜测"则一般不能。如：

Besides, 猜 can also carry result complement, potential complement, state complement, but 猜测 generally cannot.

你猜对了。
我猜不出来你是谁。
我猜得头都疼了。

（3）"猜"重叠后可带宾语，"猜测"则一般不能。如：

猜 can be used in reduplicated form, but 猜测 generally cannot be used in this way.

你猜猜这本书多少钱？
你猜猜这是谁写的字？

（4）"猜测"可用作状语，"猜"则一般不能。如：

猜测 can work as adverbial modifier, but 猜 generally cannot.

他猜测地问："你是学生吧？"
有人猜测地认为这事儿是我干的。

（5）"猜测"可用作名词，而"猜"则一般不能。如：

猜测 can be used as a noun, but 猜 generally cannot.

他的行为引起了很多猜测。
她的猜测是可笑的。
这种猜测只会加深你们之间的矛盾。

（6）在对话中一般用动词"猜"，不用"猜测"。如：

In daily dialogue, generally 猜 will be used.

爸爸：你通过考试了没有？
儿子：你猜。

另外，"猜测"可用于"（根）据（sb.）猜测"结构中，而"猜"则一般不能这样用。如：

In addition, 猜测 can be used in construction of （根）据（sb.）猜测, but 猜 cannot.

据猜测，这很可能是一个有计划的恐怖事件。
据我猜测，她可能还没有男朋友。
根据媒体猜测，公园的建造成本约为 36 亿美元。

自测练习：用"猜"或者"猜测"填空。

Exercise: Please fill in the blanks with 猜 or 猜测.

1. 大家都在____这幢房子的主人。
2. 你____她是谁的女朋友？
3. 我____错了。
4. 你____ ____我是谁？
5. 他们____地问："你是老师吧？"
6. 你____一下他会送你什么礼物？

7. 事实证明我的____是对的。
8. 男：你多大了？
   女：你____。
   男：20多岁？
   女：别____了，我不会告诉你的，这是秘密。

参考答案 (Answers)：1．猜／猜测；2．猜； 3．猜； 4．猜，猜；
5．猜测； 6．猜／猜测；7．猜测；8．猜，猜

查乙 & 检查甲

词语释义 (Explanation of Words)

查 chá

（1）检查（check; examine）：查账｜查户口｜查你的作业做完了没有

（2）调查（investigate）：查责任｜查原因

（3）翻检着看和找（look up; consult）：查资料｜查字典

检查 jiǎnchá

为了发现问题而用心地查看 (check; examine)：检查身体｜检查质量

词语辨析 (Analysis)

"查"至少有以上三个常用义，其中第一个意义与"检查"义同。

查 has at least three common meanings as above, among which only the first one is the same as 检查.

"查"用作第一个义项时，与"检查"在用法上的异同主要有：

When 查 is used in the first meaning, the similarities and differences in usages between 查 and 检查 can be expressed as followings:

（1）二者都可以带名词性、动词性和小句宾语等，如：

Both 查 and 检查 can carry nominal object, verbal object, and clause object.

我明天去查视力。

我明天去检查视力。

医生在查病房。

医生在检查病房。
老师要查我们的作业做得怎么样了。
老师要检查我们的作业做得怎么样了。

不过，当宾语是单音节词时，多用"查"。如：
But when the object is a monosyllabic word, generally 查 will be used.

列车员查票来了。
医生每天都得查床。
他们是查夜的保安。

有时候，同样的宾语，用"查"和"检查"意思可能不一样。如：
Sometimes, the meaning of 查 + object pattern is different from the 检查 + object pattern, even the object is the same.

他是查电表的。（看电表上的数据，检查用户用了多少电）
他是检查电表的。（看电表有没有问题，或者出了什么故障等）

（2）二者都可以带趋向补语、可能补语、结果补语"完"等，如：
Both 查 and 检查 can carry directional complement, potential complement, result complement.

你们必须一直查下去。
你们必须一直检查下去。
病因怎么查不出来呢？
病因怎么检查不出来呢？
我们查完了。
我们检查完了。
你们查好了没有？
你们检查好了没有？
有什么病一定要到医院去查清楚。
有什么病一定要到医院去检查清楚。

不过，除了"完""好"外，其他单音节结果补语前多用"查"，如：
Besides 完 and 好, other monosyllabic result complement generally will follow 查.

我查遍了房间也没发现问题在哪儿。

状态补语前也多用"查",如:

In most situations, state complement will follow 查.

现在海上查得很严了。

机场查得紧,你最好坐火车去。

(3)"查"前可加某些单音节状语修饰语,如:

If the adverbial modifier is monosyllabic word, 查 should be used.

我遍查挂在墙上的列车时刻表,竟然没有找到这趟车的车次。

我们一定要追查原因。

一个星期后再来复查身体。

警察把他带到一旁仔细盘查。

(4)"查"可以用作某些单音节动词的状语修饰语,如:

查 can be used as adverbial modifier for some monosyllabic verbs, but 检查 cannot be used in this way.

他换了一本,打开查看了一眼。

我查对过笔迹了。

(5)"检查"可直接用作定语(无须助词"的"),"查"则一般不能。如:

检查 can be used as attribute modifier without the help of particle 的, but generally 检查 cannot be used in this way.

他正在往安全检查口走去。

她是质量检查员。

只要交五元的检查费就行。

我的检查报告出来了。

检查结果不太好。

(6)"检查"前可加定语修饰语,"查"则一般不能。如:

检查 can follow attribute modifier, but 查 generally cannot.

有些人不喜欢婚前检查。

纸别扔,小心卫生检查。

你最好再做些别的检查。

玛丽的检查很顺利地通过了。

自测练习：用"查"或者"检查"填空。
Exercise: Please fill in the blanks with 查 or 检查.

1. 进考场前，工作人员要____考生的证件。
2. 她每天都去公司____账。
3. 你去____一下同学们复习得怎么样了。
4. 宿舍管理员每个月都来____水表。
5. 请每个人都清____一下自己的行李。
6. 警察____问过我了。
7. 什么时候可以拿到我的____报告？
8. 我不想做其他____。

参考答案 (Answers)：1. 查/检查；2. 查；3. 查/检查；4. 查/检查；
5. 查； 6. 查；7. 检查； 8. 检查

抄₂ & 抄写₂

词语释义 (Explanation of Words)

抄 chāo

（1）照原稿抄写 (copy; transcribe)：抄课文｜抄笔记｜抄地址

（2）抄袭 (copy from others; plagiarism)：抄别人的答案｜他总是抄我的作业

抄写 chāoxiě

照着原文写下来 (copy; transcribe)：抄写文件｜抄写名单｜抄写答案

词语辨析 (Analysis)

"抄"至少有以上两个常用义，其中第一个意义与"抄写"义同。

抄 has at least two common meanings as above, among which only the first one is the same as 抄写.

"抄"用作第一个意义时，与"抄写"在用法上的异同主要有：

When 抄 is used in the first meaning, the similarities and differences in usages between 抄 and 抄写 can be expressed as followings:

（1）二者都可以带名词性宾语，如：

Both 抄 and 抄写 can carry nominal object.

我们在抄课文。
我们在抄写课文。

不过，如果宾语是处所词，则动词多用"抄"，如：
But, if the object is location word, 抄 will usually be used.

我们都在抄卡片。
大卫上课不喜欢抄黑板。

（2）"抄"和"抄写"都可接介宾短语"在＋处所"，但是"抄"后介词"在"可省略，而"抄写"后的"在"则不能省略。如：

在＋location construction can be used both after 抄 and 抄写, but the preposition 在 after 抄 can be omitted, and cannot be so when it is after 抄写.

我把电话号码抄（在）本子上了。（"在"可省略）
我把电话号码抄写在本子上了。（"在"不能省略）
请把地址抄（在）信封上。（"在"可省略）
请把答案抄写在黑板上。（"在"不能省略）

（3）二者都可带趋向补语、状态补语、结果补语，如：

Both 抄 and 抄写 can carry directional complement, state complement, and result complement.

我把那篇文章抄下来了。
我把那篇文章抄写下来了。
她抄得很清楚。
她抄写得很清楚。
这份文件我抄完了。
这份文件我抄写完了。
我抄累了。
我抄写累了。

不过，趋向补语"下"前多用"抄"，如：
But the directional complement 下 generally will follow 抄.

他从书上抄下一句话。
大卫的车牌被交警抄下了。

另外，如果结果补语后还有宾语，多用"抄"。如：

In addition, if there is object after the result complement, it is better to use 抄.

玛丽抄错题目了。

我抄好笔记了。

（4）如果前面有单音节状语修饰语，一般用"抄"。如：

If the adverbial modifier is monosyllabic, 抄 should be used.

她把作文重抄了一遍。

你照抄就行了。

（5）"抄写"可直接用作定语（无须助词"的"），"抄"则不能。如：

抄写 can be used as attribute modifier without the particle 的, but 抄 cannot be used in this way.

我不喜欢做抄写工作。

她是一个抄写员。

这种抄写方法不好。

自测练习：用"抄"或者"抄写"填空。

Exercise: Please fill in the blanks with 抄 or 抄写.

1. 我不喜欢____笔记。
2. 我没带本子，就____纸上吧。
3. 别把我的名字____在桌子上。
4. 你把我的电话号码____下吧。
5. 大卫____对地址了。
6. 他的笔记____得很清楚。
7. 请把我的地址____下来。
8. 这是他的____作业。
9. 还有几处____上的错误。
10. 自己好好想想，不要总是____别人的答案。

参考答案 (Answers)：1. 抄/抄写；2. 抄；   3. 抄/抄写；4. 抄；
5. 抄；   6. 抄/抄写；7. 抄/抄写；8. 抄写；
9. 抄写；   10. 抄

超₂ & 超过₂

词语释义 (Explanation of Words)

超 chāo

（1）超过 (surpass; overtake; exceed)：超车｜超期｜超时

（2）超出寻常的 (go beyond; transcend)：超级｜超高温｜超短裙

超过 chāoguò

（1）由某物的后面赶到它的前面 (surpass; overtake; outstrip)：我们的车超过她了｜你跑慢了，他超过你了

（2）高出……之上；比……高；比……多 (above; more than)：她的身高超过了一米七｜超过八小时要收加班费

词语辨析 (Analysis)

"超"至少有以上两个常用义，其中第一个意义与"超过"义同。

超 has at least two common meanings as above, among which only the first one is the same as 超过.

"超"用作第一个义项时，与"超过"在用法上的异同主要有：

When 超 is used in the first meaning, the similarities and differences in usages between 超 and 超过 can be expressed as followings:

（1）二者都可以带宾语，但是"超"一般只能带单音节宾语（人称代词除外）；人称代词和多音节宾语前一般用"超过"。如：

Both 超 and 超过 can carry object, but 超 generally will be used before the monosyllabic object; while 超过 usually carry those objects which are acted by person pronoun or multisyllabic words.

9月1号开学，今天9月7号，我们已经超假了。

我们的车超载了。

20岁以下才能参加这次活动，我超龄了。

快点儿，我们努力超过她！

我们的车超过这个人时，他突然摔倒了。

我每天睡觉的时间从来不超过八个小时。

（2）二者都可以接带"得"的程度补语，如：

Both 超 and 超过 can carry degree complement with 得.

029

我们超得太远了，等等他们吧。
我们超过得太远了，等等他们吧。
你的体重超得太多了。
你的体重超过得太多了。

但是，"超"还可接趋向补语等，而"超过"则一般不能，如：
超 can also carry directional complement, but 超过 generally cannot.

他的表现大大超出了我的意料。
我很想超到前面去。

（3）"超过"带宾语后可接数量补语，"超"则一般不能这样用。如：
The object of 超过 can be followed by numeral-quantifier complement, but 超 generally cannot be used in this way.

我超过他二十多分。
我的工资超过她好几倍。
他跟我说话，从来没超过三句。

（4）"超过"可以单独用作谓语，"超"一般不能这样用。如：
超过 can be used as predicate independently, but 超 generally cannot be used in this way.

他跑步的速度没有人能超过。
偶尔有人从我身边超过。

另外，"超过"的可能补语形式是"超得过""超不过"。如：
Besides, the potential complement of 超过 is 超得过 or 超不过.

他跑得太快了，我超不过他。
她跑得不是很快，我们一定超得过她。

自测练习：用"超"或者"超过"填空。
Exercise: Please fill in the blanks with 超 or 超过.
1. 他喜欢____车。
2. 我一定要____她。
3. 师傅，请快点儿，我想____前面那辆车。
4. 我们不用____到他前面去。
5. 他们已经____得太远了。

6. 大卫的身高____他妹妹 0.5 米。
7. 他的口袋里从来不____100 块钱。
8. 她跑得很慢，不断有人从她身边____。

参考答案 (Answers)： 1. 超； 2. 超过； 3. 超过； 4. 超；
5. 超 / 超过； 6. 超过； 7. 超过； 8. 超过

催₂ & 催促

词语释义 (Explanation of Words)

催 cuī

（1）叫人赶快行动或做某事（urge; hurry）：催他睡觉｜别催我｜妈妈催我回家

（2）使事物的产生和变化加快 (hasten; speed up)：催眠｜催产｜药能催熟水果

催促 cuīcù

叫人赶快行动或做某事 (urge; hasten; hurry)：催促他快走｜他边回头看边催促孩子

词语辨析 (Analysis)

"催"至少有以上两个常用义，其中只有第一个意义与"催促"义同。

催 has at least two common meanings as above, among which only the first one is the same as 催促.

"催"用作第一个义项时，与"催促"在用法上的异同主要有：

When 催 is used in the first meaning, the similarities and differences in usages between 催 and 催促 can be expressed as followings:

（1）二者都可带名词性宾语、动词性宾语和小句宾语，如：

Both 催 and 催促 can carry nominal object, verbal object, and clause object.

吃饭的时候，最好不要催孩子。
吃饭的时候，最好不要催促孩子。
学校在催缴费。
学校在催促缴费。
同学们都催老师快下课。
同学们都催促老师快下课。

但是，如果宾语是单音节词，或者是表示事物的名词，则多用"催"，如：

But, if the object is a monosyllabic word, or a noun indicating something, generally 催 will be used.

你为什么催我？
他们总是一起来催钱。
银行打电话来催债。
出版社又在催稿子。
儿子每天向我们催房子。

（2）二者都可以接状态补语、动量补语、结果补语等，如：

Both 催 and 催促 can carry state complement, action-measured complement, and result complement.

我被他们催得心烦意乱，不知道怎么办了。
我被他们催促得心烦意乱，不知道怎么办了。
你去催一下。
你去催促一下。
他被催急了。
他被催促急了。

但是，"催"接结果补语后还可带宾语，"催促"则一般不能。如：

The result complement of 催 can occur with its object, but 催促 generally cannot be used in this way.

你催急了他，他可能连电话也不接了。
我被她催昏了头。
妈妈催完了我，又催弟弟去了。

（3）"催"可直接用作单音节动词的状语修饰语，"催促"则一般不能。如：

催 can be used as adverbial modifier for a monosyllabic verb, but 催促 generally cannot be used in this way.

他催请了老师三次，可老师还是没来。
他一再催问我什么时候去北京。
在她的催叫声中，我跑了。

（4）"催"可重叠，"催促"一般不能这样用。如：

催 can be used in reduplicated form, but 催促 cannot be used in this way.

时间不早了，去催催他们。

你帮我催一催他。

（5）"催促"前可加定语修饰语，"催"一般不能这样用。如：
Attribute modifier can be used before 催促, but generally cannot before 催.

我不想听到你的催促。

这对我来说是一种催促。

另外，"催促"还可以用于"在……的催促下"句式。如：
In addition, 催促 can be used in the pattern 在……的催促下.

在爸爸妈妈的催促下，我终于赶上他们了。

在我不断的催促下，孩子终于写完了作业。

自测练习：用"催"或者"催促"填空。
Exercise: Please fill in the blanks with 催 or 催促.

1. 银行打电话____还钱。
2. 她每天____哥哥打听录取结果。
3. 编辑部向我____稿了。
4. 你们____死我了。
5. 妈妈在梯下等急了，不停地大声____喊："快点儿！快点儿！"。
6. 我____了____，他没动。
7. 没人喜欢别人的____。
8. 早上，我总是在妈妈的____下起床。

参考答案 (Answers)：1. 催 / 催促；2. 催 / 催促；3. 催；4. 催；5. 催；6. 催，催；7. 催促；8. 催促

D

答乙 & 回答甲

词语释义 (Explanation of Words)

答 dá

（1）回答 (answer; reply)：答记者问｜这个题我答错了

（2）受人好处；还报别人 [return (a visit); reciprocate]：答谢｜报答

回答 huídá

对问题给予解释；对要求表示意见 (answer; reply; response)：回答问题｜回答我

词语辨析 (Analysis)

"答"至少有以上两个常用义，其中第一个意义与"回答"义同。

答 has at least two common meanings as above, among which only the first one is the same as 回答.

"答"用作第一个义项时，与"回答"在用法上的异同主要有：

When 答 is used in the first meaning, the similarities and differences in usages between 答 and 回答 can be expressed as followings:

（1）二者都可以带宾语，如：

Both 答 and 回答 can carry object.

我问什么，你就答什么。

我问什么，你就回答什么。

妈妈问一句，孩子答一句。

妈妈问一句，孩子回答一句。

如果宾语是单音节词，则一般只能用"答"，如：

But if the object is monosyllabic word, generally 答 will be used.

老师晚上来我们教室答疑。

我问了几次，他都不答话。

如果宾语由指人的词语充当，或者是需要回答的问题（非单音节词），则一般只能用"回答"，如：

If the object is a person, or 问题, generally 回答 will be used.

男孩没有回答女孩。

请回答我。

我要回答问题。

我不想回答任何人的问题。

（2）二者都可以接趋向补语、状态补语、可能补语、结果补语等，如：

Both 答 and 回答 can carry directional complement, state complement, potential complement, result complement.

老师提了五个问题，我只答出了一个。

老师提了五个问题，我只回答出了一个。

他答得更加详细。

他回答得更加详细。

他半天也答不上来。

他半天也回答不上来。

我答对了。

我回答对了。

但是，结果补语"正确""错误"前的动词只能用"回答"，如：

But if the result complement is 正确 or 错误, 回答 will be used.

老师的问题我都回答正确了。（"回答正确"可缩略为"答对"）

如果你回答错误，就得罚重写。（"回答错误"可缩略为"答错"）

（3）"答"可直接用作某些单音节词的定语。如：

答 can be used as attribute modifier for some monosyllabic words, but 回答 cannot.

请在答卷上写名字。

你知道答案了？

035

（4）"回答"可以用作主语、宾语、双音节名词的定语，如：

回答 can be used as subject, object, attribute modifier for disyllabic noun, but 答 cannot.

回答错误！

他重复了一句，作为回答。

这种回答方式很好。

（5）"回答"前面可以加定语修饰语，如：

Attribute modifier can be used before 回答.

他的回答是不知道。

你的回答不对。

我得不到任何回答。

自测练习：用"答"或者"回答"填空。

Exercise: Please fill in the blanks with 答 or 回答.

1. 老师问一句，你们____一句。
2. 我在____题呢。
3. 我在____问题呢。
4. 妈妈没有____他。
5. 他____得最清楚。
6. 她的____让我们大吃一惊。
7. 哥哥没有得到____。
8. 我下个星期得参加论文____辩。

参考答案 (Answers)：1. 答 / 回答；2. 答；　3. 回答；4. 回答；
　　　　　　　　　　　5. 答 / 回答；6. 回答；7. 回答；8. 答

当₂ & 当作₂

词语释义 (Explanation of Words)

当 dàng

（1）当作；算作 (treat as; regard as)：水果不能当饭吃 | 别拿我当小姑娘

（2）以为；认为 (think)：我当你是学生呢，原来是老师｜我当你已经回家了

当作 dàngzuò

作为；看成 (treat as; regard as; look upon as)：她把学生当作自己的孩子

词语辨析 (Analysis)

"当作"也写作"当做"。"当"用作第一个义项时，与"当作"的意义相同。
当作 can also be written as 当做. The first meaning of 当 is the same as 当作.

"当"用作第一个义项时，它与"当作"都能适用的句式可归结为以下几种：
When 当 is used in the first meaning, both 当 and 当作 can be used in the following sentence patterns:

句式一："A 当／当作 B ＋动词"：
Pattern Ⅰ：A 当／当作 B ＋ verb:

书不能当饭吃。
书不能当作饭吃。

句式二："把（拿／将）A 当／当作 B（＋动词）"：
Pattern Ⅱ：把（拿／将）A 当／当作 B（＋ verb）

我把他当朋友。
我把他当朋友看。
我把他当作朋友。
我把他当作朋友看。

句式三："A 被＋施事＋当（当作）B（＋动词）"：
Pattern Ⅲ：A 被＋ agent ＋当（当作）B（＋动词）

你为什么总是被人当小偷呢？
他被人家当小偷抓了。
他为什么总是被人家当作小偷呢？
他被别人当作小偷抓了。

但是，在具体运用于这些句式的时候，二者还是有些差异：
But there are still some differences in usages:

（1）在句式一中，如果没有否定词，则多用"当"。如：
In pattern Ⅰ, when there is no negative word, it is better to use 当.

这种果汁能当水喝。

如果没有否定词，同时B后没有动词，则多用"当作"。如：

When there is neither negative word, nor verb after B, generally 当作 will be used.

他自己制作了许多帘子，当作装饰，我们家到处都挂满了。
请你选择一个对象，当作今天晚会的舞伴。
四只狼仔当作四只狗仔很快就卖完了。

（2）在句式二中，如果B后没有紧接动词，且当B是比较复杂的语言成分时，多用"当作"。如：

In pattern Ⅱ, if there is no verb after B, and B is complicated, 当作 will be used.

把你的苦难当作一个难得的经验。
人们把上好大学当作一种非常自豪的事情。

（3）在句式三中，当"被"后的施事不出现，且B后没有紧接动词时，一般用"当作"。如：

In pattern Ⅲ, when there is neither agent, nor verb after B, generally 当作 will be used.

他的理论被当作邪说。
一大堆旧书被当作烧火取暖的原料。
她一直被当作好学生。

（4）"当"可以接结果补语"成"，但是"当作"却不能。如：

当 can carry the result complement 成, but 当作 cannot.

他没把我当成好朋友。
我把这儿当成家了。

（5）"当作"可带助词"了""过"，但是"当"却不能。如：

当作 can carry the particle 了 and 过, but 当 cannot.

所有的人都很高兴，都把他们父子当作了亲人。
我被他当作过敌人。

自测练习：用"当"或者"当作"填空。

Exercise: Please fill in the blanks with 当 or 当作.

1. 今天我送给她一把鲜花，____道歉。

2. 他把去上课____一件非常痛苦的事儿。
3. 我们都被____留学生。
4. 他昨天被人____傻子骗了。
5. 她曾经被____过小偷。
6. 我错把小猫____了小狗。
7. 他们把你____小姑娘看了。
8. 爸爸总是把我说的话____成孩子话听。

参考答案 (Answers)：1. 当作；2. 当作；3. 当作；　4. 当 / 当作；
　　　　　　　　　　　5. 当作；6. 当作；7. 当 / 当作；8. 当

等₂ & 等待₂

词语释义 (Explanation of Words)

等 děng

（1）等待；等候 (wait; await)：等人｜一直等你｜等着看病

（2）等到 (when; till)：等明天再说｜等我起床时，他已经走了

等待 děngdài

不采取行动，直到所期望的人、事物或情况出现 (wait; await)：等待上课

词语辨析 (Analysis)

"等"至少有以上两个常用义，其中只有第一个意义与"等待"义相同。

等 has at least two common meanings as above, among which only the first one is the same as 等待.

"等"用作第一个义项时，与"等待"在用法上的异同主要有：

When 等 is used in the first meaning, the similarities and differences in usages between 等 and 等待 can be expressed as followings:

（1）二者都可以带名词性宾语、动词性宾语、小句宾语，如：

Both 等 and 等待 can carry nominal object, verbal object, clause object.

我们在等客人。

我们在等待客人。

孩子们在等过马路。

孩子们在等待过马路。

她拿着话筒耐心地等对方接电话。

她拿着话筒耐心地等待对方接电话。

不过，如果宾语是单音节词，则多用"等"。如：

But, when the object is monosyllabic, 等 should be used.

我等你。

他在等人。

我们去那儿等车。

（2）前面的修饰语是单音节时，多用"等"。如：

When the modifier is monosyllabic, 等 should be used.

我不能白等。

他还在校门口傻等呢。

请稍等。

（3）二者都可以带趋向补语、时量补语，如：

Both 等 and 等待 can carry directional complement, duration complement.

你得继续等下去。

你得继续等待下去。

我已经等五天了。

我已经等待五天了。

但是，结果补语、可能补语、动量补语前，多用"等"，如：

Besides, 等 can also carry result complement, potential complement, action-measured complement. But 等待 generally cannot.

这小孩等着急了。

我等烦了。

她有点儿等不及了。

我们一定等得到他。

请等一下。

（4）"等"可重叠，重叠后还可带宾语。"等待"一般不能这样用。如：

等 can be used in reduplicated form, but 等待 generally cannot be used in this way.

你再等等。
请等一等我。
我们等等他。

（5）"等待"可用作名词，"等"则一般不能。如：
等待 can be used as a noun, but 等 cannot be used in this way.

她躺下来，闭上眼睛，便开始了她的等待。
人生便是一种等待。

自测练习：用"等"或者"等待"填空。
Exercise: Please fill in the blanks with 等 or 等待.

1. 你们不用____我。
2. 请稍____。
3. 我们都____累了。
4. ____我们下课时，别班的同学早已经吃完饭了。
5. 她一动也不动，____着逃走的机会。
6. 你叫他____ ____。
7. 我的____是有条件的。
8. 你能不能再耐心地____两天？

参考答案 (Answers)：1．等；　　2．等；　　3．等；　　4．等；
　　　　　　　　　　　5．等 / 等待；6．等，等；7．等待；8．等 / 等待；

等乙 & 等候丙

词语释义 (Explanation of Words)

等 děng
（1）等待；等候 (wait; await)：等人 | 一直等你 | 等着看病
（2）等到 (when; till)：等明天再说 | 等我起床时，他已经走了

等候 děnghòu
等待 (wait; await)：等候命令 | 等候消息 | 等候公共汽车 | 我们已经等候许久了

词语辨析 (Analysis)

"等"至少有以上两个常用义,其中只有第一个意义与"等候"义相同。

等 has at least two common meanings as above, among which only the first one is the same as 等候.

"等"用作第一个义项时,与"等候"在用法上的异同主要有:

When 等 is used in the first meaning, the similarities and differences in usages between 等 and 等候 can be expressed as followings:

(1) 二者都可以带名词性宾语、动词性宾语、小句宾语,如:

Both 等 and 等候 can carry nominal object, verbal object, clausal object.

我在等公共汽车。
我们在等候公共汽车。
旅客们在等进站。
孩子们在等候进站。
我耐心地等她哭完。
我耐心地等候她哭完。

不过,除了人称代词以外,其他单音节宾语前多用"等"。人称代词宾语前用"等"或"等候"都可以。如:

But exception person pronoun, other monosyllabic object generally will follow 等. If the object is acted by a person pronoun, it is OK to use both 等 and 等候.

他在等人。
我们去那儿等车。
我们还在等他。
我们还在等候他。

(2) 前面的修饰语是单音节时,多用"等"。如:

If there is a monosyllabic attribute, generally 等 will be used.

我不能白等。
他还在校门口傻等呢。
请稍等一会儿。

(3) 二者都可以带趋向补语、时量补语、结果补语,如:

Both 等 and 等候 can carry directional complement, duration complement, result complement.

我们一定要等下去。
我们一定要等候下去。
我已经等一个月了。
我已经等候一个月了。
他终于等累了。
他终于等候累了。

但是，单音节趋向补语、可能补语、动量补语前，多用"等"，如：
But, monosyllabic directional complement, potential complement, and action-measured complement, generally will follow 等.

你还得等上一个小时。
我们一定等得到他。
请等一下。

（4）"等"可重叠，重叠后还可带宾语。"等候"一般不能这样用。如：
等 can be used in reduplicated form, but 等候 generally cannot be used in this way.

你再等等。
请等一等我。
我们等等他。

（5）"等候"可直接用作定语修饰语，"等"一般不能这样用。如：
等候 can be used as attribute modifier without the help of particle 的. But 等 cannot be used in this way.

你的等候心情可以理解。
这里有一个等候室。

附："等待"与"等候"的差异
PS: the difference between 等待 and 等候

"等候"与"等待"的意思完全相同，二者在用法上有些细微差别：
The meaning of 等候 is identical with 等待, but there is a little differences in their usages.

（1）"等候"的对象一般都是希望发生的，所以如果对象不是主体所希望的，或者"等"的目的不明确时，一般用"等待"，不用"等候"。如：

If the object is not what the subject hopes, or the purpose is not very clear, generally 等待 will be used, but not 等候.

有些人在等待死亡。（"死亡"不是人真心希望的，所以一般不说"等候死亡"）

一切都不用争取，我只要等待。（"等"的目的不明确，所以这里不用"等候"）

（2）如果宾语是"的"字短语，一般不用"等候"，而用"等待"。如：

If the object of is 的 phrase, it is better to use 等待.

她已经猜到等待她的是什么了。

等待我的，永远是寂寞。

（3）"等候"可直接用作少数单音节处所名词的定语，而"等待"则不能。如：

等候 can be used as attribute modifier for a few monosyllabic location words.

他在等候室着急地走来走去。

每个小学都有接孩子等候处。

自测练习：用"等"或者"等候"填空。

Exercise: Please fill in the blanks with 等 or 等候.

1. 我们不想____她。
2. 他们在____消息。
3. 我在____钱。
4. 请稍____一会儿。
5. 我已经____不及，要先走了。
6. 你们____ ____我，好吗？
7. 明天____你的是什么呢？
8. ____室里禁止吸烟。

参考答案 (Answers)：1. 等/等候；2. 等/等候；3. 等；4. 等；
5. 等；6. 等，等；7. 等候；8. 等候

递乙 & 传递丁

词语释义 (Explanation of Words)

递 dì

传送；传递 (hand over; pass on)：递书｜递球｜递眼色

传递 chuándì

辗转递送；一个接一个地送过去（deliver; pass on）：传递消息｜传递文化

词语辨析 (Analysis)

"递"与"传递"的意义同中有异："传递"强调"一个接一个地"送下去；"递"则既可以指"一个接一个地递送"，也可以只指"把东西从一个地方送到另一个地方"。

The meaning of 传递 emphasize that one person passes something on to another. But 递 sometimes refers to one person passes something on to another, sometimes refers to send something from one place to another place.

二者在用法上的差异主要有：

The differences in their usages can be expressed as followings:

（1）如果动作行为只是涉及两方，则一般只能用"递"。如：

If there are only two person related to the action.

请你把那本书递给我。

她急着向服务员递钱。

如果动作行为涉及很多行为主体，且强调一个接一个地行动，则一般用"传递"。没有这种强调意义时，二者都可用。如：

If the person related to the action is more than two, and emphasize one person passes something on to another, 传递 will be used.

孩子们在做传递篮球的游戏。（一定是一个接一个地传）

请不要传递纸条。（一定是一个接一个地传）

请不要递纸条。（有可能只是一个人递给另一个人，也可能是一个接一个地递）

（2）"递"的对象一般都是具体事物，而"传递"的对象既可以是具体事物，还可以是消息、文化、爱心等抽象事物。如：

The object of 递 ordinary refers to concrete thing; but the object of 传递 not only can refer to concrete thing, but also can be abstract thing.

请把这支笔递给他。

他们在传递纸条。

同学们都愤怒地看着那个传递消息的人。

人生因为传递爱心而美丽。

（3）"递"可以带双宾语，而"传递"则一般不能：

递 can carry double object, but 传递 generally cannot.

她把行李箱放在地上，递我一张纸条。

他递我一支烟，帮我点上，然后就走了。

（4）"递"后可接介词"在""向"，"传递"则一般不能。如：

递 can be followed by preposition 在 or 向, but 传递 cannot be used in this way.

弟弟把一串钥匙递在奶奶手里。

麦克从口袋里摸出一块钱，递向老师的妻子。

（5）"传递"可以直接用作名词的定语，"递"则一般不能。如：

传递 can be used as attribute modifier without the help of particle 的, but 递 generally cannot.

机器的传递功能出了问题。

现代传递技术很先进。

（6）二者前面都可以加状语修饰语，如：

Adverbial modifier can be used before both 递 and 传递.

请往后递。

请往后传递。

但是，如果状语是单音节词，则多用"递"，如：

But, if the adverbial modifier is monosyllabic, generally 递 will be used.

她的信总是由我转递。

（7）"递"可以直接用作另一动词的状语修饰语，如：

传 can be used as adverbial modifier for another verb.

他递交了申请书。

她把空碗递还给我。

（8）"传递"前可加定语修饰语，但是"递"却不能。如：

Attribute modifier can be used before 传递, but cannot before 递.

这些文件的传递是十分机密的。

这也是一种传递。

另外,"递"可用于"快递",指运送速度快、运费较高的邮件等。

Besides, 递 can be used as morpheme in the word 快递, which refers to the express delivery.

邮局通知我去拿快递。

自测练习:用"递"或者"传递"填空。

Exercise: Please fill in the blanks with 递 or 传递.

1. 见到列车员,王老师赶紧____上自己的火车票。
2. 她慢悠悠地接过他____来的烟。
3. 我们都想去____火炬。
4. 他们在____水杯。
5. 我们出国留学的一个任务就是接受文化和____文化。
6. 你别____他太多的东西,他拿不了。
7. 请你们把书____给我。
8. 同学们的____让老师很满意。

参考答案 (Answers):1. 递; 2. 递; 3. 传递; 4. 递/传递;
5. 传递; 6. 递; 7. 递/传递; 8. 传递

定甲 & 决定甲

词语释义 (Explanation of Words)

定 dìng

决定;使确定 (decide; fix):定地点 | 定时间 | 定价格

决定 juédìng

(1) 对如何行动作出主张 (decide):决定方案 | 决定日期

(2) 某事物成为另一事物的先决条件;起主导作用 [determine; (of sth.) be the

prerequisite (of sth. else)]：人们的思想决定人们的行动

词语辨析 (Analysis)

"定"与"决定"的意思基本相同，二者在用法上的异同主要有：

The meaning of 定 is basically the same as 决定. The similarities and differences in their usages can be expressed as followings:

（1）二者都可以带名词性宾语和动词性宾语。如：

Both 定 and 决定 can carry nominal object, verbal object.

你们定了看电影的时间没有？
你们决定了看电影的时间没有？
我们定了派他去。
我们决定了派他去。

如果是在未然句中，则动词性宾语前只能用"决定"：

If something didn't happen yet, verbal object can only follow 决定.

我们决定派他去。
同学们决定不去公园。
我决定晚上去跑步。
她决定参加运动会。

如果宾语是单音节词，则多用"定"，如：

If the object is monosyllabic, generally 定 will be used.

他们已经定婚了。
不要随便给别人定罪。

"定"还可以带小句宾语，而"决定"一般不能：

The object of 定 can also be a clause, but 决定 cannot be used in this way.

学校定了他去国外留学。
你们班定了谁当班长？

（2）二者都可以接趋向补语、可能补语、结果补语，如：

Both 定 and 决定 can carry directional complement, potential complement, result complement.

这件事就这么定下来了。

这件事就这么决定下来了。
这样重大的问题我一个人定不了。
这样重大的问题我一个人决定不了。
我们今天定好，明天就行动。
我们今天决定好，明天就行动。

但是单音节趋向补语"下"前只能用"定"，如：
But directional complement 下 can only follow 定.

你和她的事到底定下没有？
我对他们没有好奇心，因为结局早就定下了。

如果结果补语后还有宾语，则多用"定"，如：
If there is object after the result complement, in most situations, 定 will be used.

我们定错了时间。
他们定高了价格，所以没人买。

（3）"定"可用作另一动词的结果补语，而"决定"则一般不能这样用。如：
定 can be used as result complement for another verb, but 决定 cannot be used in this way.

这事儿商定了没有？
我们就这样说定了。
我的狗养定了。
她到现在都没拿定主意。
我下定决心了。

（4）"决定"前可加定语修饰语，可用作另一动词的宾语，如：
决定 can follow attribute modifier, can be used as a object of another verb. But 定 cannot be used in this way.

你们的决定我们不同意。
我们要服从大多数人的决定。
他老婆改变了原来的决定。
妈妈终于做出了决定。

（5）"定"可直接用作某些单音节名词的定语，如：
定 can be used as attribute modifier for monosyllabic noun.

你什么时间能够交定稿?
我觉得定价太低了。

自测练习：用"定"或者"决定"填空。
Exercise: Please fill in the blanks with 定 or 决定.

1. 还是由你们来____价格吧。
2. 学校____了王老师教我们综合汉语。
3. 你们____了去香港吗?
4. 我们____下个星期去北京。
5. 时间不早了，我____马上就睡觉。
6. 既然你认____他就是小偷，那就得拿出证据来。
7. 你的____让人难以接受。
8. 你最好尽快做出____。

参考答案 (Answers)：1. 定／决定； 2. 定； 3. 定／决定； 4. 决定；
　　　　　　　　　　 5. 决定； 6. 定； 7. 决定； 8. 决定

丢甲 & 丢失丁

词语释义 (Explanation of Words)

丢 diū

（1）遗失；丢失 (lose; be missing)：钥匙丢了｜她把孩子丢了｜你丢什么东西了

（2）扔 (throw away; cast away)：丢垃圾｜不要乱丢东西｜丢烟头

（3）放；搁置 [put (or lay) aside]：他丢下工作不管｜他的汉语丢了好几年了

丢失 diūshī

遗失；失掉 (lose)：我昨天丢失了五百元钱｜他丢失了很多东西

词语辨析 (Analysis)

"丢"至少有以上三个常用义，其中第一个意义与"丢失"义同。

丢 has at least three common meanings as above, among which only the first one is the same as 丢失.

"丢"用作第一个义项时，与"丢失"在用法上的异同主要有：

When 丢 is used in the first meaning, the similarities and differences in usages between 丢 and 丢失 can be expressed as followings:

（1）二者都可以带宾语，如：

Both 丢 and 丢失 can carry object.

听说他们家丢东西了。
听说他们家丢失东西了。
我丢了一块手表。
我丢失了一块手表。

但是，如果宾语是单音节词，则多用"丢"。如：

But, if the object is monosyllabic, generally 丢 will be used.

校内丢车的现象很严重。
他丢钱了。

（2）二者后面都可接处所词语，不过，介词"在"位于"丢"后时可省略，而位于"丢失"后时，则一般不能省略。如：

Both 丢 and 丢失 can carry location words, but the preposition 在 after 丢 can be omitted, and cannot be so when it is after 丢失.

你的书包丢（在）哪儿了？
我把钱丢（在）路上了。
他的笔记本丢失在出租车上。

（3）二者都可接可能补语、趋向补语、结果补语，如：

Both 丢 and 丢失 can carry potential complement, directional complement, result complement.

路上小心点儿，东西就丢不了。
路上小心点儿，东西就丢失不了。
再这么丢下去，东西都没了。
再这么丢失下去，东西都没了。
资料全部丢掉了。
资料全部丢失掉了。

但是单音节趋向补语前，只能用"丢"，如：

But if the directional complement is monosyllabic, 丢 will be used.

最后我又检查了一遍房间，看有没有丢下什么东西。

这个人来了以后，这里就丢开东西了。

（4）"丢"可以用作另一动词的结果补语，而"丢失"一般不能这样用。如：

丢 can be used as the result complement for another verb, but 丢失 generally cannot be used in this way.

她的信寄丢了。

孩子走丢了。

姐姐把玩具玩丢了。

（5）"丢失"前可加定语修饰语，"丢"则一般不能这样用。如：

Attribute modifier can be used before 丢失, but generally cannot be before 丢.

妈妈的病是孩子的丢失引起的。

这种丢失很常见。

自测练习：用"丢"或者"丢失"填空。

Exercise: Please fill in the blanks with 丢 or 丢失.

1. 我____了一辆自行车。
2. 危险是危险，但还不至于____命。
3. 他的眼镜____教室里了。
4. 我们的行李____在飞机上了。
5. 孩子在学校里把钱____光了。
6. 下车前请清理好自己的行李物品，不要____下任何东西。
7. 她怎么把孩子弄____了呢？
8. 他的死与妹妹的____有关。

参考答案 (Answers)：1. 丢 / 丢失；2. 丢；3. 丢；4. 丢 / 丢失；
　　　　　　　　　　　5. 丢 / 丢失；6. 丢；7. 丢；8. 丢失

抖丙 & 颤抖丙

词语释义 (Explanation of Words)

抖 dǒu

（1）颤动；哆嗦 (tremble; shiver)：发抖｜全身抖了起来

（2）抖擞；甩动（shake）：抖开包袱｜把衣服上的灰尘抖掉

颤抖 chàndǒu

哆嗦；不由自主地颤动 (tremble)：气得两腿颤抖｜在寒风中颤抖

词语辨析 (Analysis)

"抖"至少有以上两个常用义，其中第一个意义与"颤抖"义同。

抖 has at least two common meanings as above, among which only the first one is the same as 颤抖.

"抖"用作第一个义项时，与"颤抖"在用法上的异同主要有：

When 抖 is used in its first meaning, the similarities and differences in usages between 抖 and 颤抖 can be expressed as followings:

（1）"抖"可以带少量宾语，而"颤抖"则一般不能。如：

抖 can carry a few objects, but 颤抖 cannot.

桌子晃得厉害，别再抖腿儿了！
这个小女孩儿喜欢抖嘴唇玩儿。

（2）"抖"可用作动词"发"的宾语：

抖 can be used as the object of 发.

她的手在发抖。
我全身开始发抖。
她冷得发抖。

（3）二者都可以接趋向补语、动量补语、程度补语、结果补语"成"，如：

Both 抖 and 颤抖 can carry directional complement, action-measured complement, degree complement, result complement 成.

老人全身开始抖起来。
老人全身开始颤抖起来。
她的手抖了一下。

她的手颤抖了一下。

我的手抖得很厉害，写不了字。

我的手颤抖得很厉害，写不了字。

那个病人的腿抖得走不稳路。

那个病人的腿颤抖得走不稳路。

小狗全身抖成一团。

小狗全身颤抖成一团。

但是，除了"成"外，别的结果补语前多用"抖"，如：

But, besides 成 , other result complement generally will follow 抖 .

她的肩膀微微抖动起来。

我的脚都抖麻了。

骨头都抖疼了。

（4）"颤抖"可用作状语修饰语，"抖"则一般不能。如：

颤抖 can be used as adverbial modifier, but 抖 generally cannot.

母亲声音颤抖地喊了两声。

我只能颤抖地叫一声。

老爷爷颤抖地爬上了那辆车。

（5）"颤抖"前可加定语修饰语，而"抖"则一般不能：

Attribute modifier can be used before 颤抖 , but generally cannot be before 抖 .

内心的颤抖使我的呼吸急促起来。

在剧烈的颤抖中，他终于站起来了。

另外，"抖"用作第二个意义时，可以重叠并带宾语：

Moreover, when 抖 is used in its second meaning, it can be reduplicated and carry object.

她还故作轻松地抖抖肩膀。

我抖了抖身上的水，继续往前走。

自测练习：用"抖"或者"颤抖"填空。

Exercise: Please fill in the blanks with 抖 or 颤抖 .

1. 他小时候手受过重伤，从那以后就落下了____手的毛病。

2. 全身上下都在发____。

3. 孩子害怕得开始____起来了。
4. 牙齿____得很厉害。
5. 你怎么____成这样了？
6. 她的手____动了一下。
7. 我用____的手拿出手机拨打110。
8. 谁也不愿看见这种让人恐怖的____。

参考答案 (Answers)：1. 抖； 2. 抖；3. 抖／颤抖；4. 抖／颤抖；
5. 抖／颤抖；6. 抖；7. 颤抖； 8. 颤抖

读甲 & 阅读乙

词语释义 (Explanation of Words)

读 dú

（1）看着文字发出声音 (read aloud)：读课文｜读哑了嗓子｜每天早晨读汉语

（2）阅读；看（文章）[read (book, article, etc.)]：读小说｜读报纸｜他读过很多书

（3）指上学 (attend school)：我们已经读大学了｜他在读研究生

阅读 yuèdú

看（书、报等）并领会其内容 (read)：阅读书报｜阅读文件｜他阅读了大量的医书

词语辨析 (Analysis)

"读"的常用义至少有以上三个，其中第二个意义与"阅读"义同。

读 has at least three common meanings as above, among which only the second one is the same as 阅读.

"读"用作第二个义项时，与"阅读"在用法上的异同主要有：

When 读 is used in the second meaning, the similarities and differences in usages between 读 and 阅读 can be expressed as followings:

（1）二者都可以接名词性宾语，如：

Both 读 and 阅读 can carry nominal object.

我喜欢读报纸。

我喜欢阅读报纸。

但是，如果宾语是单音节词，则多用"读"。如：

But, if the object is monosyllabic, generally 读 will be used.

我喜欢读书。

他在读诗。

如果宾语所表示的事物是没有具体文字记录的，则多用"读"，如：

If the object refers to something without characters, generally 读 will be used.

你应该读点妇女心理。

我在读漫画。

（2）二者都可以接趋向补语、状态补语、结果补语"完"，如：

Both 读 and 阅读 can carry directional complement, state complement, result complement 完.

他拿起《史记》就读起来。

他拿起《史记》就阅读起来。

孩子读得很好。

孩子阅读得很好。

你读完了吗？

你阅读完了吗？

但是，可能补语和"完"以外的其他结果补语前多用"读"。如：

But, potential complement and other result complement besides 完, generally should follow 读.

这篇文章我怎么也读不明白。

你读得懂英文小说吗？

这样的书你读不厌吗？

这份文件她读懂了。

我读烦了。

他读书读聪明了。

（3）二者都可接状语修饰语，如：

Adverbial modifier can be used before both 读 and 阅读.

你就慢慢地读吧。

你就慢慢地阅读吧。

但是，如果状语修饰语是单音节词，则多用"读"。如：

But, if the adverbial modifier is monosyllabic, generally 读 should be used.

我把那本外文书精读了一遍。

现在请把课文默读一遍。

（4）"读"可重叠，"阅读"则一般不能。如：

读 can be used in reduplicated form, but 阅读 generally cannot be used in this way.

周末我喜欢看看书、读读报，或者跟朋友聊聊天。

我给你找本书读读。

（5）"阅读"可直接用作定语修饰语（无须助词"的"），如：

阅读 can be used as attribute modifier without the particle 的, 读 generally cannot.

他有很好的阅读习惯。

她有这方面的阅读兴趣。

阅读过程比较长。

这是一个难得的阅读机会。

这儿有一个阅读器。

"读"则很少这样用，常见的只有"读物"，如：

But 读 can be used before 物.

孩子们很喜欢这种读物。

我买了一些儿童读物。

（6）"阅读"前可加定语修饰语，"读"则一般不能。如：

Attribute modifier can be used before 阅读, but generally cannot be before 读.

学生不喜欢很难的阅读。

人们的阅读都有一定的目的性。

自测练习：用"读"或者"阅读"填空。

Exercise: Please fill in the blanks with 读 or 阅读.

1. 我每天都要____一些历史书。
2. 昨天你____书了吗？
3. 你这样____下去，会伤害到眼睛。

4. 这本书我____不懂。
5. 他____累了。
6. 请帮我____一____这份讲稿，行吗？
7. 你最好把这篇文章重____一遍。
8. 这孩子的____水平越来越高了。

参考答案 (Answers)：1. 读 / 阅读；2. 读；　　3. 读 / 阅读；4. 读；
　　　　　　　　　　 5. 读；　　6. 读，读；7. 读；　　　 8. 阅读

躲₂ & 躲避ᴛ

词语释义 (Explanation of Words)

躲 duǒ

躲避；躲藏 (hide; avoid)：躲雨｜躲子弹｜躲在图书馆里｜看你往哪儿躲

躲避 duǒbì

故意离开或隐蔽 (hide; avoid)：躲避战争｜躲避熟人｜躲避瘟疫

词语辨析 (Analysis)

"躲"与"躲避"的意思基本相同。用法上的异同主要有：

The meanings of 躲 and 躲避 are almost the same. The similarities and differences in their usages can be expressed as followings:

（1）二者都可带名词性宾语、动词性宾语，如：

Both 躲 and 躲避 can carry nominal object, verbal object.

我在外面躲了那个女孩儿一上午。
我在外面躲避了那个女孩儿一上午。
为了躲债务，老公提出假离婚。
为了躲避债务，老公提出假离婚。
为了躲责骂，今晚他不准备回家了。
为了躲避责骂，今晚他不准备回家了。

但是，除人称代词宾语外，其他单音节宾语前，多用"躲"。人称代词宾语前可用"躲"，也可用"躲避"。如：

But exception person pronoun, other monosyllabic object generally will follow 躲. Person pronoun can follow both 躲 and 躲避.

商店门口站满了躲雨的人。
人们都以为他去国外是为了躲债。
这个司机有很多躲罚的办法。
你不用躲我。
你不用躲避我。

双音节以上的动词性宾语前，多用"躲避"。如：
If verbal object is more than two syllables, 躲避 will generally be used.

他尽力躲避法律的惩罚。
为了躲避两车相撞，我将车猛地开向了人行道。
即使在躲避食肉动物追捕时，它也跑得不快。

（2）"躲"能接目的宾语，而"躲避"则不能。如：
The object of 躲 can be the purpose of the action, but 躲避 cannot be used in this way.

我跑这儿躲清静来了。
单位事情很多时，他就想办法待在家里躲懒。

（3）二者后面都能接处所词语，但是"躲避"后一般都得有介词"在"，而"躲"后的"在"则可省略不说。如：

Both 躲 and 躲避 can carry location words, but the preposition 在 after 躲 can be omitted, and cannot be so when it is after 躲避.

他们暂时躲避在学校里。
他们暂时躲（在）学校里。

（4）二者都可接趋向补语、可能补语，如：

Both 躲 and 躲避 can carry directional complement, potential complement.

他只好躲了起来。
他只好躲避了起来。
这件事情你躲不过去。
这件事情你躲避不过去。

不过，结果补语、状态补语前多用"躲"，如：

But, result complement and state complement generally will follow 躲.

我们躲好了。
他终于躲累了。
他俩躲得远远地说话。
所有的债务他都躲得一干二净。

（5）二者都能用作定语，但是"躲"与中心语之间一般得有助词"的"，而"躲避"则没有这个限制。如：

Both 躲 and 躲避 can be used as attribute modifier, but generally 躲 needs the help of particle 的, and 躲避 has no limit to this.

你想躲的人是谁？
她有躲避的习惯。
这种躲避行为不太好。
我们赶快找一个躲避处。

（6）如果状语修饰语是双音节词语，且动词后没有其他语言成分，则该动词一般只能用"躲避"。如：

If the adverbial modifier is disyllabic, and there is no any other words followed, generally 躲避 should be used.

我们赶紧跑到深山暂时躲避。
超市里顾客纷纷躲避。
司机加速躲避。

如果动词后还有补语，这时也可用"躲"。如：

But if there is complement followed, 躲 can also be used.

我们赶紧跑到深山暂时躲起来。
超市里顾客纷纷躲出去了。
司机加速躲开去。

自测练习：用"躲"或者"躲避"填空。

Exercise: Please fill in the blanks with 躲 or 躲避.

1. 我们____在一个小房间里。
2. 他一来，我就____桌子下面了。

3. 他们站在超市门口____雨。
4. 她处处____他。
5. 不要____得那么远，好不好？
6. 我希望有一个地方，我们可以____进去。
7. 这种____方式很好。
8. 一头奶牛忽然行至马路中央，司机紧急____。

参考答案 (Answers)：1. 躲/躲避；2. 躲；　　3. 躲；　4. 躲/躲避；
　　　　　　　　　　5. 躲；　　6. 躲/躲避；7. 躲避；8. 躲避

躲$_乙$ & 躲藏$_丁$

词语释义 (Explanation of Words)

躲 duǒ

躲避；躲藏 (hide; avoid)：躲雨｜躲子弹｜躲在图书馆里｜看你往哪儿躲

躲藏 duǒcáng

把身体隐藏起来使人看不见 (hide)：没地方躲藏｜他躲藏在柜子里

词语辨析 (Analysis)

"躲"与"躲藏"的意思基本相同。用法上的异同主要有：

The meanings of 躲 and 躲藏 are almost the same. The similarities and differences in usages can be expressed as followings:

（1）"躲"可以带多类宾语，而"躲藏"一般不能直接带宾语。如：

躲 can carry object, but 躲藏 generally can not carry object directly.

商店门口站满了躲雨的人。

人们都以为他去国外是为了躲债务。

他不回家的原因不是为了躲打，就是为了躲骂。

不过，如果动词后有助词"着""了"或"过"，则施事宾语前可用"躲"，也可用"躲藏"，如：

But if object refers to the agent, and followed by particle 着, 了 or 过, both 躲 and 躲藏 can be used.

柜子里躲着一个人。
柜子里躲藏着一个人。
车子后面躲了两个小偷。
车子后面躲藏了两个小偷。
他家躲过一个逃犯。
他家躲藏过一个逃犯。

（2）"躲""躲藏"后都能接处所词语，但是"躲藏"后一般都得有介词"在"，而"躲"后的"在"则可以省略。如：

Both 躲 and 躲藏 can carry location words, but the preposition 在 after 躲 can be omitted, and cannot be so after 躲藏.

他们暂时躲藏在学校里。
他们暂时躲（在）学校里。

（3）二者都可接趋向补语、可能补语、状态补语、结果补语，如：

Both 躲 and 躲藏 can carry directional complement, potential complement, result complement.

快点儿躲进去。
快点儿躲藏进去。
这儿太容易被发现了，躲不住。
这儿太容易被发现了，躲藏不住。
孩子们早躲得无影无踪了。
孩子们早躲藏得无影无踪了。
我们躲好了。
我们躲藏好了。

但是，如果动作行为的对象不是施事本身，则补语前一般只能用"躲"，如：

But if the object involved is not the agent, generally 躲 will be used before the complement.

是灾躲不过。
前面车子太多了，没办法躲开。
所有的债务他都躲得一干二净。

（4）"躲"和"躲藏"都能用作定语，但是"躲"与中心语之间一般得有助词"的"，而"躲藏"则没有这个限制。如：

Both 躲 and 躲藏 can be used as attribute modifier, but 躲 generally needs the help of particle 的，but 躲藏 has no limit to this.

你想躲的地方在哪儿？
哪儿有躲藏的地方？
这儿可当作躲藏室。
我们赶快找一个躲藏处。

（5）二者都可重叠，但是重叠后意义不同："躲躲"指动作，"躲躲藏藏"既可指动作，也可指状态，如：

Both 躲 and 躲藏 can be used in reduplicated form, but the meanings are different: 躲躲 refers to the action, but 躲躲藏藏 sometimes refers to action, sometimes refers to state.

敌人来了，赶快去躲躲。
为什么半夜里躲躲藏藏？
他们躲躲藏藏地跑了。

附："躲藏"与"躲避"的差异：

PS: The differences between **躲藏** and **躲避**

1. 动作行为的目的不同："躲藏"的目的是"不让别人看见"，而"躲避"的目的是"避开"。如：

The purpose is different: The purpose of 躲藏 is to avoid being found by others; but the purpose of 躲避 is to away from the object.

人们都在努力躲避子弹。
他们躲藏在大树后面。

2. "躲藏"与"躲避"在用法上的最大不同有两点：一是"躲避"可以直接带多种宾语（用例参见上文），而"躲藏"一般不能直接带宾语，必须后接助词"着""了"或"过"后才能带宾语；二是"躲避"的宾语不能是施事，而"躲藏"的宾语一般只能是动作的施事。如：

The most important differences are: Ⅰ. 躲避 can carry object directly (see the above examples for 躲避), but 躲藏 generally cannot carry object without the particle 着，了，or 过. Ⅱ. The object of 躲避 generally cannot be agent, but the object of 躲藏 ordinary is the agent of the action.

> 她很善于躲避债务。
> 这儿躲藏着三个小孩。
> 柜子里躲藏了一个女人。
> 这个山洞里躲藏过两个逃犯。

自测练习： 用"躲"或者"躲藏"填空。

Exercise: Please fill in the blanks with 躲 or 躲藏．

1．我是为了____妈妈才不想回家的。

2．你为什么老是____我？

3．床底下还____着一个人。

4．我们都____在报刊零售亭里。

5．闪电打雷的时候，不要____屋檐下。

6．他们____得很好。

7．请帮我找一个____处。

8．我想找一个____雨的地方。

参考答案 (Answers)： 1．躲；2．躲； 3．躲/躲藏；4．躲/躲藏； 5．躲；6．躲/躲藏；7．躲藏； 8．躲

F

罚丙 & 惩罚丁

词语释义 (Explanation of Words)

罚 fá
处罚 (punish)：罚款｜罚站｜罚唱歌

惩罚 chéngfá
处罚；处治 (punish)：惩罚学生｜惩罚小偷

词语辨析 (Analysis)

"罚"与"惩罚"的词典释义基本相同，英文翻译也完全一样。但实际上在意义方面稍有区别："罚"可以是物质、精神或者是身体上的处罚；而"惩罚"则一般侧重于精神和身体上的处罚。

The explanations of 罚 and 惩罚 in dictionaries are almost the same, and their English translations are also the same. In fact, there is a little difference in their meanings: 罚 can refer to material punishment, mental punishment, and physical punishment. But 惩罚 generally just refers to the mental punishment, and physical punishment.

二者在用法上的异同主要有：

The similarities and differences in usages between 罚 and 惩罚 can be expressed as followings:

（1）二者都可以带表示人的名词或代词宾语，如：
Both 罚 and 惩罚 can carry object referring to person.

希望你不要罚玛丽。
希望你不要惩罚玛丽。

为什么要罚我?

为什么要惩罚我?

但是，如果宾语表示动作的内容，则动词一般用"罚"。如：

But if the object refers to what to be punished, generally 罚 will be used.

小学老师喜欢罚站。

迟到了要罚款。

开口就喊罚五元，哪有这个道理！

你来得太晚了，得罚喝酒。

她被人抓住，罚在那里打扫卫生呢。

爸爸罚我面壁一个小时。

表原因的宾语前，多用"惩罚"：

If the object refers to the reason why the punishment is carried out, 惩罚 will be used.

妈妈让她站在外面，听说是惩罚她没努力学习。

老师打算敲本田几下，以惩罚他上课睡觉。

（2）二者都可以接状态补语、结果补语"完"、趋向补语"起来"，如：

Both 罚 and 惩罚 can carry state complement, result complement 完 , directional complement 起来 .

他被罚得很难受。

他被惩罚得很难受。

罚完以后怎么办?

惩罚完以后怎么办?

你怎么罚起孩子来了?

你怎么惩罚起孩子来了?

不过，单音节和其他双音节趋向补语前，多用"罚"，如：

But besides 起来 , other directional complement generally will follow 罚 .

罚来的钱都给你。

那个运动员被罚下去了。

他被罚出去了。

可能补语、"完"以外的结果补语前，多用"罚"，如：

Potential complement, result complement other than 完, generally will follow 罚.

我没违反交通规则，罚得着我吗？
这个司机刚被罚走五百元。
这次他被罚惨了。
你罚多了。
你是不是罚重了点儿？

（3）二者都可以用作某些动词的宾语，不过"罚"一般用作单音节动词的宾语，"惩罚"一般用作双音节动词的宾语。如：

Both 罚 and 惩罚 can be used as the object of another verb, but 罚 will usually be used as the object of monosyllabic verb, and 惩罚 will be the object of disyllabic verb.

我愿意受罚。
他认罚。
他想方设法逃避惩罚。
他已经得到了惩罚。

（4）"罚"可直接用作单音节词的定语，"惩罚"可直接用作某些双音节词的定语:

罚 can be used as attribute modifier for some monosyllabic nouns, 惩罚 can for some disyllabic nouns.

警察给我开了200元的罚单。
不用心疼那几个罚金。
这种惩罚方式不太好。
我们来商量一下惩罚措施。

（5）二者前面都可以加定语修饰语，不过"罚"前一般不能有助词"的"，而"惩罚"前则一般都得有助词"的"。如：

Attribute can be used before both 罚 and 惩罚, and particle 的 is needed by 惩罚, but not by 罚.

孩子们对这种体罚很不满。
他在牢里经受了很多刑罚。
这是对你的惩罚。
最好的惩罚就是让他睡觉。
他们的惩罚不对。

自测练习：用"罚"或者"惩罚"填空。

Exercise: Please fill in the blanks with 罚 or 惩罚.

1. 最好不要____孩子。
2. 她被____站两节课。
3. 老师让他做一个星期的清洁，以____他乱扔垃圾。
4. 我被____得脚都站不住了。
5. 这些东西都是____来的。
6. 我们来商量一下____方式。
7. 我明天去交____款。
8. 你们的____也太重了吧。

参考答案 (Answers)：1．罚／惩罚；2．罚； 3．惩罚；4．罚／惩罚；
5．罚； 6．惩罚；7．罚； 8．惩罚

罚丙 & 处罚丁

词语释义 (Explanation of Words)

罚 fá

处罚 (punish)：罚钱｜罚站｜罚唱歌

处罚 chǔfá

使犯错误或犯罪的人受到损失而有所警戒 (punish; penalize)：处罚学生

词语辨析 (Analysis)

"罚"与"处罚"的意义相同，用法上的异同主要有：

The meanings of 罚 and 处罚 are almost the same. The similarities and differences in their usages can be expressed as followings:

（1）二者的宾语都可以是人或者是钱，如：

Both the object of 罚 and 处罚 can refer to person or money.

等我病好了，你们怎么罚我都行。

等我病好了，你们怎么处罚我都行。

每个人罚五十块钱。

每个人处罚五十块钱。

不过，如果宾语是单音节词（人称代词除外），则一般用"罚"。如：

But besides person pronoun, other monosyllabic object generally will follow 罚.

这样做是要罚款的。
你来得太晚了，得罚酒。

双宾语、动词性宾语、小句宾语前多用"罚"，如：

罚 can carry double object, verbal object, and clause object, but 处罚 generally cannot.

一旦出现了坏作品，就会罚他们钱。
迟到了就罚唱一首歌。
在家里犯了错误得罚扫一周的地。
爸爸罚孩子在地上跪一个小时。

（2）二者都可以接状态补语、结果补语"完"、趋向补语，如：

Both 罚 and 处罚 can carry state complement, result complement 完, directional complement.

你罚得太重了。
你处罚得太重了。
罚完以后怎么办？
处罚完以后怎么办？
这样罚下去怎么得了。
这样处罚下去怎么得了。
近来他又罚上学生了。
近来他又处罚上学生了。

但是，可能补语、"完"以外的结果补语前，多用"罚"，如：

But potential complement, result complement other than 完, generally will follow 罚.

他罚不怕。
我的钱被罚光了。
这次罚惨了。

（3）二者都可以用作某些动词的宾语，不过"罚"一般用作单音节动词的宾语，"处罚"一般用作双音节动词的宾语。如：

Both 罚 and 处罚 can be used as object, but the former usually be used as the object of monosyllabic verb, and the latter usually be used as the object of disyllabic verb.

我愿意受罚。

他认罚。

为了逃避处罚，他撒谎了。

他因为不遵守纪律而受到了处罚。

（4）"罚"可直接用作单音节词的定语，"处罚"可直接用作某些双音节词的定语，如：

罚 can be used as attribute modifier for some monosyllables, and 处罚 can for some disyllabic nouns.

警察给我开了 200 元的罚单。

这种处罚方式不太好。

（5）"罚"前可直接加某些单音节的定语修饰语（不能有助词"的"），"处罚"前则带"的"和不带"的"的定语修饰语都可以。如：

Without the particle 的, 罚 can follow some monosyllabic attribute modifiers. But 处罚 has no limit to the particle 的.

孩子们对这种体罚很不满。

这是最要命的处罚。

你们的处罚太重了。

你曾受过何种处罚？

附："惩罚"和"处罚"的差异：

PS: the difference between 惩罚 and 处罚

"惩罚"和"处罚"用法基本上相同，二者的差异主要体现在意义上："惩罚"侧重于对动作对象的身体或精神上造成一定的伤害，以示警戒；"处罚"则侧重于对动作对象造成物质上的损失，以示警戒。如：

The usages of 惩罚 and 处罚 are almost the same, the differences between them are mainly in meanings: 惩罚 emphasize on the punishment in physical or mental, but 处罚 emphasize on the punishment in materials.

他违章停车，受到了处罚。

小偷被狠狠地打了一顿，他受到了应有的惩罚。

自测练习：用"罚"或者"处罚"填空。

Exercise: Please fill in the blanks with 罚 or 处罚.

1. 你们不能随便____酒。
2. 犯了错误，我们就应该____他。
3. 老师昨天____了我 50 块钱。
4. 他打赌输了，得____扫地。
5. 妈妈____我写一篇 1 000 字的作文。
6. 我应该受____。
7. 他犯了严重的错误，请领导给予____。
8. 他交了 1 000 元的____金。

参考答案 (Answers)：1. 罚；2. 罚／处罚；3. 罚； 4. 罚；
5. 罚；6. 罚； 7. 处罚；8. 罚

扶 & 搀扶

词语释义 (Explanation of Words)

扶 fú

（1）用手支住使不倒 (support with the hand)：扶桌子｜扶老人过马路｜扶着墙

（2）用手帮助躺着或倒下的人坐或立；用手使倒下的东西竖直 (help sb. up; straighten sth. up)：扶孩子起来｜扶病人起来吃药

搀扶 chānfú

从旁轻轻架住别人的手臂或身体 (give one's arm to; support)：搀扶着病人往前走

词语辨析 (Analysis)

"扶"与"搀扶"的意思基本相同，二者在用法上的异同主要有：

The meaning of 扶 is basically identical with 搀扶, the similarities and differences in their usages can be expressed as followings:

（1）二者都可以带表示人的名词性宾语、兼语宾语，如：

Both 扶 and 搀扶 can carry nominal object referring to person, and *jianyu* object.

有人过来扶我。
有人过来搀扶我。
快点儿扶奶奶回屋。
快点儿搀扶奶奶回屋。

但是，当宾语是表示物体或身体某部位的名词性词语时，只能用"扶"，如：
But if the object refers to something or parts of the body, 扶 will be used.

孩子自己扶墙站起来了。
她的左手扶黑板，右手拿着什么东西。
她不时地用手去扶眼镜。
姥姥双手扶头不说话。

（2）二者都可以接趋向补语、状态补语、可能补语、结果补语"住""好"，如：
Both 扶 and 搀扶 can carry directional complement, state complement, potential complement, result complement 住 and 好.

我把奶奶扶起来了。
我把奶奶搀扶起来了。
两位助理扶得小心翼翼，生怕老板摔倒。
两位助理搀扶得小心翼翼，生怕老板摔倒。
她太重了，我扶不起来。
她太重了，我搀扶不起来。
我们紧紧地扶住老人。
我们紧紧地搀扶住老人。
你们必须扶好她，否则她就要倒下去了。
你们必须搀扶好她，否则她就要倒下去了。

如果"扶"的对象不是人，则结果补语前得用"扶"；如果"扶"的对象是人，则除了"住""好""完"以外的结果补语前，多用"扶"，如：

If the object doesn't refer to person, the result complement can only follow 扶; if the object refers to person, result complement other than 住, 好, and 完, generally will follow 扶.

上车的乘客请站稳扶好。
一定要把梯子扶稳。

请帮我把他扶正。

请把她扶直。

妈妈的手都扶累了。

（3）"搀扶"可用于"在sb.的搀扶下"句式，"扶"则不能。如：
搀扶 can be used in the pattern of 在sb.的搀扶下, but 扶 cannot.

老太太在警察的搀扶下终于回到了家里。

（4）"搀扶"前可加定语修饰语，"扶"则一般不能，如：
Attribute modifier can be used before 搀扶, but cannot before 扶.

他不需要朋友的搀扶。

友情是一种搀扶。

（5）"扶"可用作一个词素，如"扶手""扶梯"等；
扶 can be used as a morpheme, such as 扶手, 扶梯, and so on.

他紧紧抓住座椅的扶手。

一般的商场、车站、机场都有自动扶梯。

自测练习：用"扶"或者"搀扶"填空。

Exercise: Please fill in the blanks with 扶 or 搀扶.

1. 那个人看样子站不住了，快去____她一下。
2. 妈妈太累了，我得____她回去。
3. 他____着桌子慢慢地坐下了。
4. 请帮我____一下梯子。
5. 姥姥双手____头不说话。
6. 请把病人____好。
7. 请把病人的腿____直。
8. 在朋友的____下，他终于回到家了。

参考答案 (Answers)：1. 扶 / 搀扶；2. 扶 / 搀扶；3. 扶；4. 扶；
5. 扶；　　6. 扶 / 搀扶；7. 扶；8. 搀扶

G

改甲 & 改变甲

词语释义 (Explanation of Words)

改 gǎi

（1）改变 (change; alter)：改习惯｜改时间｜改主意｜上课的教室改了

（2）改正 (correct; rectify)：改错字｜你上课迟到的习惯能改吗

（3）修改 (correct; revise)：老师改作业｜他在改论文

改变 gǎibiàn

（1）事物发生变化 (change; alter)：改变环境｜改变生活｜改变一个人

（2）改换 (change)：我不能因为你生气就改变主张｜他改变了态度

词语辨析 (Analysis)

"改"至少有以上三个常用义，其中第一个意义与"改变"义同。

改 has at least three common meanings as above, among which only the first one is the same as 改变.

"改"用作第一个义项时，与"改变"在用法上的异同主要有：

When 改 is used in the first meaning, the similarities and differences in usages between 改变 and 改 can be expressed as followings:

（1）二者都可以带名词性宾语，如：

Both 改 and 改变 can carry nominal object.

谁改了这个东西的颜色？

谁改变了这个东西的颜色？

但是，如果宾语是指人的词语，则动词只能用"改变"，如：

But if the object refers to person, only 改变 can be used.

谁也不能改变他。

要改变一个人太难了。

除指人的宾语外，其他单音节宾语前，多用"改"。如：

Exception those objects referring to person, other monosyllabic object generally will follow 改．

咱们改天再说吧。

面不改色心不跳。

我想改行。

如果宾语是条件、现状、环境、社会、地位、生活等抽象名词，则动词要用"改变"。如：

If the object is abstract noun, generally 改变 will be used.

我们要想办法改变生活条件。

努力改变现状。

他想改变夫妻之间的关系。

不要随便改变自然环境。

（2）"改"可用作连动句的第一个动词，而"改变"则一般不能这样用。如：

改 can be used as the first verb in *liandong* Structure, but 改变 generally cannot be used in this way.

一见她脸色不对，马上改口说个笑话。

（3）"改"可带结果宾语，而"改变"则不能。如：

改 can carry object referring to the result of action, but 改变 cannot be used in this way.

我们把教室改舞场了。

这儿过去是水厂，现在怎么改酒厂了？

（4）二者都可接可能补语、状态补语、程度补语、结果补语"好"，如：

Both 改 and 改变 can carry potential complement, state complement, degree complement, result complement 好．

你改得了吗？

你改变得了吗?

她的脾气改得让人受不了。

她的脾气改变得让人受不了。

他改得太厉害了。

他改变得太厉害了。

你能把这个东西改好吗?

你能把这个人改变好吗?

但是,"好"以外的其他结果补语前,多用"改",如:

Besides 好, other result complement generally will follow 改.

教室改成舞厅了。

这样能改善你的肌肤。

把你说话的速度改慢一点儿。

我改累了。

(5)"改变"前可加定语修饰语,而"改"则一般不能。如:

Attribute modifier can be used before 改变, but generally cannot before 改.

她有很大的改变。

这些改变是我没有想到的。

(6)"改"可重叠,而"改变"则较少这样用。如:

改 can be used in reduplicated form, but 改变 seldom be used in this way.

你的脾气得改改了。

把形状改一改就更好看了。

(7)在祈使句中多用"改"。如:

In most imperative sentences, we'll use 改, but not 改变.

咱们改时间再谈吧。

你去改个发型吧。

自测练习:用"改"或者"改变"填空。

Exercise: Please fill in the blanks with 改 or 改变.

1. 她又____主意了。
2. 我们____天再去。

3. 你别想____我。

4. 原来他叫我阿姨，现在____叫姐姐了。

5. 我____掉了不好的生活习惯。

6. 这儿发生了很大的____。

7. 他们出国是为了____一下生活环境。

8. 努力工作是为了____善生活条件。

参考答案 (Answers)：1．改／改变；2．改； 3．改变；4．改；
5．改； 6．改变；7．改变；8．改

改甲 & 改正乙

词语释义 (Explanation of Words)

改 gǎi

（1）改变 (change; alter)：改习惯｜改时间｜改主意｜上课的教室改了

（2）改正 (correct; rectify)：改错字｜你上课迟到的习惯能改吗

（3）修改 (correct; revise)：老师改作业｜他在改论文

改正 gǎizhèng

把错误的改成正确的 (correct)：改正错误｜改正缺点｜改正错字

词语辨析 (Analysis)

"改"至少有以上三个常用义，其中第二个意义与"改正"义同。

改 has at least three common meanings as above, among which only the second one is the same as 改正．

"改"用作第二个义项时，与"改正"在用法上的异同主要有：

When 改 is used in the second meaning, the similarities and differences in usages between 改 and 改正 can be expressed as followings:

（1）二者都可以带名词性宾语，如：

Both 改 and 改正 can carry nominal object.

我正在改错别字。

我正在改正错别字。

但是，如果宾语是单音节词，则用"改"。如：
But if the object is monosyllable, 改 will be used.

我在改错。
他正在改字呢。

（2）双音节抽象名词宾语前，多用"改正"，如：
If the object is disyllabic abstract noun, generally 改正 will be used.

他改正错误了。
你应该改正态度。
请及时改正缺点。
他还没有改正看法。
我们应该帮助他们改正认识。

（3）二者都可接趋向补语、状态补语、可能补语，如：
Both 改 and 改正 can carry directional complement, state complement, potential complement.

你一定要把错了的改过来。
你一定要把错了的改正过来。
他的字改得很漂亮。
他的字改正得很漂亮。
你自己的错误，别人怎么改得了？
你自己的错误，别人怎么改正得了？

但是，结果补语前，用"改"，如：
But the result complement generally will follow 改.

你一定得改掉这个坏毛病。
错题都改完了。
有两个题没有改对。
这个数学题又改错了。

（4）"改正"可直接用作定语（不用助词"的"），"改"则一般不能。如：
改正 can be used as attribute modifier without particle 的, but generally 改 cannot be used in this way.

他们的改正措施不太恰当。
咱们考虑一下改正方法。

（5）"改正"可用作宾语，"改"则一般不能。如：
改正 can be used as object of another verb, but generally 改 cannot.

有错误就及时进行改正。
这是我写的文章，希望得到您的改正。
请指出词语用得不对的地方，并给予改正。

自测练习：用"改"或者"改正"填空。
Exercise: Please fill in the blanks with 改 or 改正.

1．老师让我们____错别字。
2．一些人不喜欢____错。
3．我们应该____看法。
4．请把写错的字____过来。
5．这个字____得不太好。
6．这个题____对了吗？
7．我们已经给过你____机会了。
8．错误都得到了____。

参考答案 (Answers)：1．改 / 改正；2．改；3．改正；4．改 / 改正；
5．改 / 改正；6．改；7．改正；8．改正

跟甲 & 跟随丁

词语释义 (Explanation of Words)

跟 gēn

（1）跟随 (follow)：你走慢一点儿，我跟不上了｜他总是跟着我
（2）嫁给某人 [(of a girl) marry]：她不想跟这种人｜我跟他？别做梦了！

跟随 gēnsuí
跟在后面作同样的行动 (follow)：孩子紧紧跟随妈妈｜他跟随爸爸到乡下去

词语辨析 (Analysis)

"跟"至少有以上两个常用义,其中只有第一个意义与"跟随"义同。

跟 has at least two common meanings as above, among which only the first one is the same as 跟随.

"跟"用作第一个义项时,与"跟随"在用法上的异同主要有:

When 跟 is used in the first meaning, the similarities and differences in usages between 跟 and 跟随 can be expressed as followings:

(1) 二者都能用于"*跟(随)+某人+动词*"结构中,如:

Both 跟 and 跟随 can be used in the pattern *跟(随) + sb. + verb*.

跟妈妈到北京去。
跟随妈妈到北京去。
她跟别人走了。
她跟随别人走了。

但是,如果其中的动词与"行走"义无关,或者后面的动词是单音节词,则多用"跟",如:

But if the verb in the pattern refers to non-walking action, or if it is monosyllabic, generally 跟 will be used.

跟我读课文。
我喜欢跟他干活儿。
跟我走。
跟他去。
跟我来。

(2) "跟随"还可以说"跟随+某物+动词","跟"则一般不能。如:

跟随 can also be used in the pattern *跟随 + sth. + verb*. But 跟 generally cannot be used in this way.

太阳系的所有成员都跟随太阳运动。
我跟随他的脚步来到了这里。
让我们现在跟随镜头回顾一下昨天发生的事儿。

(3) 二者都能带表示人的宾语,但是意义不一样:"跟某人"一般表示"跟某人结婚";"跟随某人"则表示"随从某人(一起做某事)",如:

Both 跟 and 跟随 can carry object referring to person, but the meaning is different: the meaning of 跟＋sb. means to marry to sb, but 跟随＋sb. just means to follow sb.

玛丽不想跟他。（一般表示"玛丽不想跟他结婚"）
玛丽不想跟随他。（表示"玛丽不想跟随他一起行动"）

（4）二者都可以跟处所词语一起用，但是处所词语一般只能出现在"跟"的后面，而"跟随"则没有此限制。如：
Both 跟 and 跟随 can be used together with location words, but 跟 can only be before location words, and 跟随 can be before or after the location words.

孩子总是跟在妈妈旁边。
孩子总是跟随在妈妈旁边。
哥哥进进出出，她总在后边跟随。
他只是在后边跟随，并不说话。

不过，如果"跟"后面有助词"着"，则处所词语也可位于动词前面。如：
But with the help of particle 着, 跟 can also be after location words.

孩子总是在妈妈旁边跟着。
他只是在后边跟着，并不说话。

（5）"跟随"可以单独用作谓语，而"跟"一般不能这样用。如：
跟随 can be used as predicate independently, but 跟 generally cannot be used in this way.

我们跑的时候，后边有很多人跟随。
我走了，希望你们不要跟随。

（6）"跟"后可接结果补语，"跟随"则一般不能。如：
跟 can carry result complement, but 跟随 generally cannot be used in this way.

跟住他。
跟紧他，别让他跑了。
我们终于跟上老师了。

（7）"跟"可以说"跟着＋动词"，而"跟随"则一般不能。如：
跟 can be used in the pattern 跟着＋verb, but 跟随 generally cannot.

她跟着说这东西不好。
我吃什么，你就跟着吃什么吧。

见妈妈哭了，孩子也跟着哭起来。

（8）"跟随"可用作名词，指"跟随的人"，而"跟"则不能。如：
跟随 can be used as a noun, referring to the follower. But 跟 cannot.

我今天给他当了一天跟随。

他不是我的跟随，我不认识他。

自测练习：用"跟"或者"跟随"填空。
Exercise: Please fill in the blanks with 跟 or 跟随.

1. 孩子喜欢____妈妈干活儿。
2. 不要____他的棒子行动。
3. 别只在后边____，过来帮帮忙！
4. 别只____在后边，过来帮帮忙！
5. 让他走，不许____。
6. 快点儿！____上他们！
7. 你别____着笑！
8. 我不想做你的____。

参考答案 (Answers)：1. 跟/跟随；2. 跟随；3. 跟随；4. 跟/跟随；
　　　　　　　　　　5. 跟随；　6. 跟；　7. 跟；　8. 跟随

怪乙 & 责怪丁

词语释义 (Explanation of Words)

怪 guài

责备；怨（blame）：这事儿怪我｜怪他开车技术不高

责怪 zéguài

责备；怪罪（blame）：不要总是责怪别人｜责怪自己太粗心

词语辨析 (Analysis)

"怪"和"责怪"的意思基本相同，在很多情况下都能互换着用，二者在用法上的异同主要有：

The meaning of 怪 is basically the same as 责怪. In most situations, they can be substituted for each other. The similarities and differences in their usages can be expressed as followings:

（1）二者都可以带表示人的宾语和表示原因的宾语，如：
Both 怪 and 责怪 can carry the object referring to person or reason.

我们不怪你。
我们不责怪你。
她心里在怪自己太粗心。
她心里在责怪自己太粗心。

但是，当宾语是事物名词时，前面的动词多用"怪"，如：
But, if the object refers to something, generally 怪 will be used.

她写字慢了就怪笔。
他比赛输了怪鞋子。
你自己起床起晚了，不能怪闹钟。

（2）当句子的主语由事件充当时，动词谓语多用"怪"，如：
If the subject is acted by something, it is better to use 怪 as the predicate.

这事儿全怪我。
这也怪我平时对你帮助不够。
失败能怪谁呢？

当表示事件的主语不出现时，谓语也多用"怪"，如：
When the subject referring to something didn't occur, it is better to use 怪 as the predicate.

都怪我命不好啊！
怪我睡觉死，没看住孩子。

（3）"责怪"可以用作状语，"怪"则一般不能。如：
责怪 can be used as adverbial modifier, 怪 generally cannot be used in this way.

老师责怪地说："你们来得也太晚了。"
她气愤地责怪道："你怎么这么不小心？"

（4）"责怪"可用作定语，"怪"则一般不能。如：

责怪 can be used as attribute modifier, but 怪 generally cannot be used in this way.

他没对任何人说一句责怪的话。

我一点儿责怪的意思都没有。

丈夫很难面对妻子责怪的目光。

（5）"责怪"前可加定语修饰语，如：

Attribute modifier can be used before 责怪, but generally cannot before 怪.

妈妈没完没了的责怪让我很烦躁。

她的责怪是有道理的。

另外，"怪"还有形容词的用法，义为"奇怪"，如：

In addition, 怪 can be used as an adjective, which means strange.

这儿发生了一件怪事。

她的衣服有点儿怪。

自测练习：用"怪"或者"责怪"填空。

Exercise: Please fill in the blanks with 怪 or 责怪.

1. 我不会____你的。
2. 有的丈夫总是____妻子不够勤快。
3. 这事儿不能全____我。
4. 没赶上火车____谁呢？
5. 自己长得不好看，不能____衣服。
6. 她____地看了我一眼。
7. 我没有____的意思。
8. 我不怕爸爸的____。

参考答案 (Answers)：1. 怪／责怪；2. 怪／责怪；3. 怪；　4. 怪；
　　　　　　　　　　　5. 怪；　　6. 责怪；　　7. 责怪；8. 责怪

关甲 & 关闭丁

词语释义 (Explanation of Words)

关 guān

（1）使开着的东西合拢 (close; shut)：关门｜关窗｜关抽屉｜关水龙头

（2）使其结束工作状态（turn off）：关灯｜关电脑｜关电视

（3）放在里面不使出来 (shut in)：我们被关在一个黑屋子里｜这是关鸟的笼子

（4）[企业等] 倒闭；歇业 [(of a business) close down]：这条街上的商店都关了

（5）牵连；关系 (have sth. to do with)：这不关我的事｜跟我无关

关闭 guānbì

（1）使开着的东西合拢 (close; shut)：关闭门窗｜关闭机场｜电梯门关闭了

（2）使其结束工作状态（turn off）：关闭灯光设备｜关闭通讯工具

（3）放在里面不使出来 (shut in)：她被关闭在屋子里｜小鸟被关闭在围墙之内

（4）[企业等] 倒闭；歇业 [(of a business) close down]：教堂关闭了｜工厂关闭了

词语辨析 (Analysis)

"关"至少有以上五个常用义，其中前四个意义与"关闭"的意义相同。

关 has at least five common meanings as above, among which the former four are what 关闭 has in common.

"关"用作前四个义项时，与"关闭"在用法上的异同主要有：

When 关 is used in the former four meanings, the similarities and differences in usages between 关 and 关闭 can be expressed as followings:

（1）二者都可以带名词性宾语，如：

Both 关 and 关闭 can carry nominal object.

小姐关了窗户。

小姐关闭了窗户。

我听到了关车门的声音。

我听到了关闭车门的声音。

不过，单音节宾语前，多用"关"。如：

But if the object is monosyllabic, generally 关 will be used.

进出请关门。

下雨前请关窗。

他忘记关灯了。

用作"使结束工作状态"义时，如果宾语是具体名词，则多用"关"；如果宾语是抽象概括的名词，则动词多用"关闭"，如：

In the meaning of turn off, if the object is concrete noun, generally 关 will be used; if the object is abstract noun, 关闭 will be used.

上课要关手机。
洗完手后别忘了关水龙头。
他总是不关电视睡觉。
老师希望我们关闭所有无线电通讯。
出门前，他关闭了所有灯光设备。

（2）用作"倒闭、歇业"义时，如果主语是受事，则既可用"关"也可用"关闭"；如果宾语是受事，则多用"关闭"。如：

In the meaning of a business close down, if the subject is patient, both 关 and 关闭 can be used; if the object is patient, generally 关闭 will be used.

首都机场关了。
首都机场关闭了。
他们关闭了首都机场。
不能关闭海关。

（3）二者都可接状态补语、引申义的趋向补语，如：

Both 关 and 关闭 can carry state complement, directional complement in extended meaning.

他把门关得紧紧的。
他把门关闭得紧紧的。
我们被关起来了。
我们被关闭起来了。

但是，"关闭"不能接结果补语和作本义用的趋向补语，"关"则可以。如：

关闭 cannot carry result complement and directional complement in original meaning. But 关 can be used in this way.

关上门后再出去。
他猛地关住了车门。

他狠狠地关掉电视。
他被关进了一间黑屋子。
小狗被关进地下室去了。

（4）"关闭"可直接用作定语，"关"则一般不能。如：
关闭 can be used as attribute modifier without the help of particle 的, but generally 关 cannot.

这台机器的关闭系统坏了。
这种关闭方法不对。

自测练习：用"关"或者"关闭"填空。
Exercise: Please fill in the blanks with 关 or 关闭.

1. 饭做完后一定要____火。
2. 请不要____电脑，我还要用！
3. 电梯门已经____了。
4. 政府命令我们____大使馆。
5. 上课时请____各种通讯设备。
6. 他把门窗都____严了。
7. 请____掉电视，我要睡觉了。
8. 出门前请把空调____上。

参考答案 (Answers)： 1. 关； 2. 关； 3. 关/关闭； 4. 关闭；
5. 关闭； 6. 关； 7. 关； 8. 关

过丙 & 经过甲

词语释义 (Explanation of Words)

过 guò

（1）从一个地点或时间移到另一个地点或时间（pass; cross）：过桥｜过马路
（2）经过某个时间（spend; celebrate）：过生日｜过节｜过国庆
（3）超过（某个范围和限度）（over）：过了下班时间｜过了半个小时｜过线

经过 jīngguò

通过（处所、时间、动作等）(pass through)：火车要经过武汉｜经过修理

词语辨析 (Analysis)

动词"过"至少有以上三个常用义，其中第一个意义与"经过"基本相同。

As a verb, 过 has at least three common meanings as above, among which only the first one is the same as 经过.

"过"用作第一个义项时，与"经过"在用法上的异同主要有：

When 过 is used in the first meaning, the similarities and differences in usages between 过 and 经过 can be expressed as followings:

（1）二者都可以带处所宾语，但是意思稍有差异，如：

Both 过 and 经过 can carry location words, but there is a little difference between pattern 过＋location and 经过＋location: the purpose of the former maybe just the action referenced by the pattern itself; the purpose of the latter is just to pass through the location.

我们正在过马路。（"过马路"本身可能就是主语的目的）
我们正在经过马路。（"过马路"本身一定不是主语的目的）

所以，如果说话人的目的是要到别的地方去，动词后的处所只是其途中的一个点儿，则一般用"经过"，如：

So if the speaker just want to pass through a place, 经过 should be used.

路上经过了好几个学校。
我们经过一座座城市、乡村，终于来到了这儿。
乘车经过那家医院了。
他回家必须经过这条公路。

不过，如果宾语是单音节词，则一般用"过"，如：

But if the object is monosyllabic, generally 过 will be used.

他骑车撞了过路的老太太。
我不想过江。

如果宾语是动词性词语，则谓语动词得用"经过"，如：

If the object is verb or phrase, it is better to use 经过.

经过诊断，证明梁叔叔的病是感冒了。

她们都是经过挑选的。

人们需要经过提醒，才记得很久以前发生的事儿。

经过再三询问，她才告诉我真相。

（2）"过"前可以加单音节的状语修饰语，如：

If the adverbial modifier is monosyllabic, generally 过 will be used.

她正在横过马路。

车子小心地绕过一堆垃圾。

我们从草原上走过。

他们穿过一片树林。

一只小鸟飞过头顶。

（3）二者都可用于"从……（经）过"结构，如：

Both 过 and 经过 can be used in the pattern 从……过 / 经过.

你看到我从窗前过也不打招呼。

你看到我从窗前经过也不打招呼。

她刚刚从你身边过了。

她刚刚从你身边经过了。

但是，单独用作谓语时，多用"经过"，如：

But 经过 can be used as predicate independently, 过 generally cannot be used in this way.

看到有人经过，她就赶紧叫住他。

她们走起路来像马队经过。

（4）"经过"可用作名词，"过"则一般不能。如：

经过 can be used as a noun, but 过 generally cannot.

老师正在跟同学们讲述事情的经过。

他们被要求说说恋爱的经过。

（5）"过"可以直接用作少数单音节名词的定语，如：

过 can be used as attribute modifier for some monosyllabic nouns.

过道里一个人也没有。

他只是一个过客。

自测练习：用"过"或者"经过"填空。

Exercise: Please fill in the blanks with 过 or 经过.

1. 我不喜欢____桥。
2. 我们必须____那座人行天桥。
3. 她回家必定____我家。
4. 从北京去香港要____武汉。
5. 我们走____了一片森林。
6. 我们都不知道事情的____。
7. 这事儿必须____讨论才能决定。
8. 你看到我从你身旁____也不打招呼。

参考答案 (Answers)：1. 过；2. 过／经过；3. 经过；4. 经过；
　　　　　　　　　　5. 过；6. 经过；　7. 经过；8. 过／经过

H

还 甲 & 归还 丁

词语释义 (Explanation of Words)

还 huán

（1）归还 (return; give back)：还书｜还钱｜还东西

（2）回报别人对自己的行动 (reciprocate; give in return)：还手｜还价｜还礼｜还嘴

归还 guīhuán

把人或物送回原主或原地 (return; give back)：把钱归还失主｜归还钱物

词语辨析 (Analysis)

"还"至少有以上两个常用义，其中第一个意义与"归还"义同。

还 has at least two common meanings as above, among which only the first one is the same as 归还.

当"还"用作第一个义项时，与"归还"在用法上的异同主要有：

When 还 is used in the first meaning, the similarities and differences in usages between 还 and 归还 can be expressed as followings:

（1）二者都可以带名词性宾语，如：

Both 还 and 归还 can carry nominal object.

有人要你还电脑。

有人要你归还电脑。

不过，如果宾语是单音节词，则一般用"还"。如：

But if the object is monosyllabic, generally 还 will be used.

他还债去了。

你应该还钱了吧。
我下午去图书馆还书。

双宾语前，多用"还"，如：
If there is double object, generally 还 will be used.

我得还他十块钱。
你应该还她两本书。

如果东西一定是借的，则动词多用"还"。如：
If the object refers to something borrowed, it is better to use 还.

你上个月跟我借的钱，什么时候还（给）我啊？
他借的自行车刚才还（给）我了。

（2）如果宾语是"失物""失主""原主""原处"等书面语性质较强的双音节名词，则动词多用"归还"。如：

If the object is disyllabic nouns in written language, such as 失主, 原主, 原处, etc., it is better to use 归还.

我们一定归还失物。
这钱包得归还失主。
车子归还原主了。
请将东西归还原处。

（3）二者都可接双音节的趋向补语，如：
Both 还 and 归还 can carry directional complement.

赶快把东西还回去。
赶快把东西归还回去。

不过，可能补语、结果补语和单音节趋向补语前，多用"还"。如：
But potential complement, result complement, and monosyllabic directional complement, generally will follow 还.

这点儿债我还得起。
所有的钱都还清了。
你的书还完了没有？
这是老张还来的两本书。

自测练习：用"还"或者"归还"填空。
Exercise: Please fill in the blanks with 还 or 归还.

1. 你一定要____我的电脑。
2. 她每个星期都要去图书馆借书或者____书。
3. 你什么时候____他钱？
4. 她借去的东西总是不____给我。
5. 请把扫把____原处。
6. 我希望好心人有一天能够____失物。
7. 请把钱包____给玛丽。
8. 总算____清了所有的债务。

参考答案 (Answers)：1．还/归还； 2．还； 3．还； 4．还；
         5．归还； 6．归还；7．还/归还；8．还

换甲 & 交换甲

词语释义 (Explanation of Words)

换 huàn

（1）给人东西同时从他那里取得别的东西 (exchange)：换东西｜换房间

（2）变换；更换 (change)：换季｜换衣服｜换床单｜换工作

（3）兑换 (exchange; covert)：把美元换成人民币｜去银行换钱

交换 jiāohuàn

双方各拿出自己的给对方 (exchange)：交换意见｜交换礼物

词语辨析 (Analysis)

"换"至少有以上三个常用义，其中第一个意义与"交换"义同。

换 has at least three common meanings as above, among which only the first one is the same as 交换.

"换"用作第一个义项时，与"交换"在用法上的异同主要有：

When 换 is used in the first meaning, the similarities and differences in usages between 换 and 交换 can be expressed as followings:

（1）二者都可以独立作谓语。如：
Both 换 and 交换 can be used as predicate independently.

我喜欢你那本书，你喜欢我这本书，咱们换吧。
我喜欢你那本书，你喜欢我这本书，咱们交换吧。

（2）如果主语是单数，则一般用"换"。如：
If the subject is singular, generally 换 should be used.

我换了手机。
他想换衣服。

但是，如果是"sb. A 跟（和）（与）sb. B ＋（交）换"句式，则用"换"和"交换"都可以。如：
But both 换 and 交换 can be used in the pattern *sb. A 跟（和）（与）sb. B ＋（交）换*, e.g.

我跟你换手机吧。
我跟你交换手机吧。
他和我换了房间。
他和我交换了房间。
他与我换了座位。
他与我交换了座位。

（3）如果宾语是抽象名词，则只能用"交换"：
If the object is abstract noun, generally 交换 will be used.

代表们交换了对这个问题的看法和意见。
他跟我交换了一下眼色。

（4）"换"可以用于"*sth. A ＋换＋ sth. B*"句式，如：
换 can be used in the pattern sth. A ＋换＋ sth. B.

三斤土豆换五斤萝卜。
他拿鸡蛋换一斤青菜。
我想用电脑换电视。

（5）二者都可以接趋向补语、结果补语"完""好"，如：
Both 换 and 交换 can carry directional complement, result complement 完 and 好．

这是刚和同学换来的礼物。
这是刚和同学交换来的礼物。
我们已经换好了飞机票。
我们已经交换好了飞机票。
他们已经换完戒指了。
他们已经交换完戒指了。

但是，其他的结果补语前，多用"换"，如：
But besides 完 and 好, other result complement generally will follow 换.

这次我们换亏了。
钱换少了。
这东西换错了。

（6）"交换"可以直接用作定语（无须助词"的"），"换"则一般不能。如：
交换 can be used as attribute modifier without the particle 的, 换 generally cannot be used in this way.

说说你的交换条件吧。
我们不能只凭交换价值来衡量一种行为。

自测练习：用"换"或者"交换"填空。
Exercise: Please fill in the blanks with 换 or 交换.

1. 同学们____过很多意见。
2. 我跟他____了一下看法。
3. 我跟他____了自行车。
4. 妈妈总是用废旧电池去超市____一些日用品。
5. 我拿旧手机____他的新手机。
6. 我拿电脑跟他____电视机。
7. 我们____房间的钥匙吧。
8. 这种____方式不太好。

参考答案 (Answers)：1．交换；2．交换； 3．换／交换；4．换；
5．换； 6．换／交换；7．换／交换；8．交换

悔丁 & 后悔乙

词语释义 (Explanation of Words)

悔 huǐ

懊恼过去做得不对 (regret)：后悔｜懊悔｜悔改｜悔恨｜追悔莫及

后悔 hòuhuǐ

事后懊悔 (regret; repent)：后悔自己来晚了｜后悔以前没有好好学习

词语辨析 (Analysis)

"悔"与"后悔"的意义基本相同，用法上的异同主要有：

The meaning of 悔 is basically the same as 后悔. The similarities and differences in their usages can be expressed as followings:

（1）"后悔"可带多种宾语，"悔"较少直接带宾语。如：

后悔 can carry object, but 悔 can seldom be used in this way.

他后悔自己当时太冲动了。

她后悔跟这个男人生活了这么多年。

孩子后悔没有听妈妈的话。

你是不是后悔跟我结婚了？

不过，如果前面有状语修饰语，则"悔"也可带少量的宾语，如：

But if there is adverbial modifier, 悔 can also carry a few objects.

他痛悔先前的糊涂。

她深悔当时太冲动。

（2）二者都可以接趋向补语、状态补语、程度补语，如：

Both 悔 and 后悔 can carry directional complement, state complement, degree complement.

刚办完离婚手续，他就悔起来了。

刚办完离婚手续，他就后悔起来了。

她悔得恨不能一头撞死。

她后悔得恨不能一头撞死。

我悔极了。

我后悔极了。

不过,结果补语前,多用"悔",如:
But the result complement usually follow 悔.

我悔断了肠子。
她都悔白了头发。
不要伤了别人,悔痛了自己。

(3) 程度副词"很""非常""挺""十分"等后面,用"后悔",如:
Degree adverb will usually be used before 后悔.

现在我很后悔。
我非常后悔看了这部电影。
她挺后悔的。
我十分后悔跟你来了。

(4) 单独作谓语时,多用"后悔",如:
后悔 can be used as predicate independently, but 悔 can seldom be used in this way.

你会后悔的!
话一说出口,她就后悔了。

(5) "后悔"可用作定语修饰语,"悔"则一般不能。如:
后悔 can be used as attribute modifier, but 悔 generally cannot be used in this way.

世界上没有后悔药卖。
他做过两件后悔的事情。
没人能理解她后悔的心情。

(6) "悔"可以作为词素构成别的词语,如"忏悔""悔恨""反悔""悔改""悔悟""悔过""悔不当初"等:
悔 can be used as a morpheme to build other words, such as 忏悔, 悔恨, 反悔, 悔改, 悔悟, 悔过, 悔不当初, and so on.

他在忏悔自己的过错。
我没有悔恨。
你不能反悔。
他并无悔改的表现。
他刚悔悟过来。

如果你知道自己怎么错了，就写一封悔过书。
继母对他是心如止水，悔不当初。

自测练习： 用"悔"或者"后悔"填空。
Exercise: Please fill in the blanks with 悔 or 后悔.

1. 我____结婚了。
2. 我____把这件事告诉别人了。
3. 玛丽____来中国了。
4. 她痛____在处理这件事情上的失误。
5. 这件事情发生后，我都____死了。
6. 失去爱人后，他____痛了肠子。
7. 妈妈____得睡不着觉。
8. 这件事情发生后，我十分____。

参考答案 (Answers)： 1．后悔； 2．后悔；3．后悔； 4．悔；
5．悔 / 后悔；6．悔； 7．悔 / 后悔；8．后悔

J

挤甲 & 拥挤丙

词语释义 (Explanation of Words)

挤 jǐ

（1）（人或物）紧紧地靠拢在一起；在拥挤的环境中用身体排开人或物（crowd; squeeze）：屋里挤了十多个人 | 三个人挤在一张床上 | 别挤我 | 不喜欢挤车子

（2）用压力使从孔隙中出来（squeeze）：挤牙膏 | 挤牛奶 | 挤鞋油

拥挤 yōngjǐ

（人或物）紧紧地靠拢在一起 (crowd; press)：大家慢慢走，不要拥挤

词语辨析 (Analysis)

"挤"至少有以上两个常用义，其中第一个意义与"拥挤"义同。

挤 has at least two common meanings as above, among which only the first one is the same as 拥挤.

"挤"用作第一个义项时，与"拥挤"在用法上的异同主要有：

When 挤 is used in the first meaning, the similarities and differences in usages between 挤 and 拥挤 can be expressed as followings:

（1）二者都可以用于存现句，都可以后接处所词语，如：

Both 挤 and 拥挤 can be used in existential sentence, and can be followed by location words.

门口挤着很多人。

门口拥挤着很多人。

同学们都挤在过道上等图书馆开门。

同学们都拥挤在过道上等图书馆开门。

不过,"挤"后的介词"在"可省略,如:

But the preposition 在 after 挤 can be omitted.

同学们都挤过道上等图书馆开门。
姐姐和我挤一张床上。

"挤"和"拥挤"都可用作形容词,如:

Both 挤 and 拥挤 can be used as adjective.

房间里太挤了。
房间里太拥挤了。

(2)"挤"可以带宾语,"拥挤"则不能直接带宾语,如:

挤 can carry object, but generally 拥挤 cannot.

车子里还可以挤一个人吗?
这张床能挤三个人。
请不要挤孩子!
他每天上下班都得挤公共汽车。
这本论文集还可以挤一篇稿子。

(3)"挤"可用于"把"字句和"被"字句,"拥挤"则一般不能。如:

挤 can be used in ba - sentence and bei- sentence, but 拥挤 generally cannot.

你们把她挤(到)门外去了。
我被挤得不能呼吸了。

(4)二者都可以接趋向补语、状态补语,如:

Both 挤 and 拥挤 can carry directional complement, state complement.

孩子们都挤过来了。
孩子们都拥挤过来了。
车里挤得连放脚的地方都没有了。
车里拥挤得连放脚的地方都没有了。

但是,结果补语、可能补语前多用"挤",如:

But result complement and potential complement generally will follow 挤.

茶馆里挤满了人。

有个老人挤晕了。

人们把老人挤倒了。

车子里挤不下了。

（5）"拥挤"可用作定语，"挤"则一般不能。如：

拥挤 can be used as attribute modifier, but generally 挤 cannot.

他在拥挤的马路上遇见了一个熟人。

迷住她的是那拥挤的人群。

我们来到了一个拥挤的大厅。

（6）"挤"可用于"往＋方位词＋挤"句式，可重叠，可用在另一动词前面作状语修饰语；"拥挤"则一般不能这样用。如：

挤 can be used in the pattern of 往＋ location word ＋挤, or in reduplicated form, or as adverbial modifier, but 拥挤 generally cannot.

请往里边挤一下。

坐进来吧，我们挤一挤。

挤挤就进去了。

他们一家三口挤住在一间很小的房间里。

六个人挤坐在一辆的士里。

自测练习：用"挤"或者"拥挤"填空。

Exercise: Please fill in the blanks with 挤 or 拥挤.

1. 超市里____着几百个人。
2. 无论什么时候我们都不要____老人。
3. 我的车子能____五个人。
4. 打不到的士，我们只好____公共汽车去了。
5. 他们把一个妇女____倒了。
6. 孩子被____得大哭起来了。
7. 电影院门口____得人都喘不过气来了。
8. 请再往里边____一点儿，还有人要进来。
9. 他们六个人____睡在一张床上。
10. 能不能再____ ____？

参考答案 (Answers)：1. 挤／拥挤；2. 挤； 3. 挤；4. 挤；5. 挤；
6. 挤； 7. 挤／拥挤；8. 挤；9. 挤；10. 挤，挤

记甲 & 记录乙

词语释义 (Explanation of Words)

记 jì

（1）把印象保持在脑子里 (remember; keep in mind)：记生词｜记住了｜名字很难记

（2）记录；记载 (take notes; write down)：记日记｜记笔记｜记下会议要点

记录 jìlù

把听到的话或发生的事写下来 (take notes)：日记里记录了一些重要的事情

词语辨析 (Analysis)

"记"至少有以上两个常用义，其中第二个意义与"记录"义同。

记 has at least two common meanings as above, among which only the second one is the same as 记录.

"记"用作第二个义项时，与"记录"在用法上的异同主要有：

When 记 is used in the second meaning, the similarities and differences in usages between 记 and 记录 can be expressed as followings:

（1）二者都可以带宾语，如：

Both 记 and 记录 can carry object.

笔记本上记了很多感人的故事。

笔记本上记录了很多感人的故事。

但是，如果宾语表示动作行为的结果，则动词要用"记"，如：

But if the object refers to the result of the action, generally 记 will be used.

上课要记笔记。

他每天都记日记。

老师给这个调皮的学生记了个黑点。

如果宾语是单音节词，则用"记"。如：

If the object is monosyllabic, 记 will be used.

我们每天都记账。
不用记数。

（2）二者都可后接处所词语，但介词"在"位于"记"后时可省略，而位于"记录"后时则一般不能省略。如：

Both 记 and 记录 can carry location words, and the preposition 在 after 记 can be omitted, but cannot be so when it is after 记录.

我把他说的话都记(在)本子上了。
我把他说的话都记录在本子上了。

（3）有些单音节状语修饰语后只能用"记"，如：

If the adverbial modifier is monosyllabic, generally 记 will be used.

她会打字，会速记。
我把暗记下来的电话号码给她了。

（4）"记"可重叠，"记录"一般不能。如：

记 can be used in reduplicated form, but 记录 generally cannot.

我给你一张纸，你也记一记？
他每天过来帮我们记记账，聊聊天儿。

（5）"记录"前可加定语修饰语，可用作宾语，"记"则一般不能。如：

记录 can follow some attribute modifiers, and can be used as object.

这是那起交通事故的记录。
这种记录很难做。
有没有会议记录？
我们都有记录。
我们请小张做记录。

（6）"记录"可直接用作定语，中间不用助词"的"。"记"则一般不能。如：

记录 can be used as attribute modifier without the particle 的. But 记 generally cannot be used in this way.

这是给你的记录纸。
他有很强的记录能力。

自测练习：用"记"或者"记录"填空。

Exercise: Please fill in the blanks with 记 or 记录.

1. 我数数，你____名吧。
2. 你喜欢____笔记吗？
3. 会议内容我都____在纸上了。
4. 他的电话号码我____笔记本里了。
5. 你能不能帮忙____ ____笔记？
6. 他在认真地做____。
7. 借出去的书电脑里都有____。
8. 我有三个____本。

参考答案 (Answers)：1．记； 2．记； 3．记/记录；4．记；
5．记；记；6．记录；7．记录； 8．记录

寄甲 & 邮寄丁

词语释义 (Explanation of Words)

寄 jì

（1）原指托人递送，今多指通过邮局递送 (post; mail)：寄信｜寄钱｜寄包裹

（2）托付；寄托 [entrust; consign; place (hopes) on]：寄存行李｜寄希望于明天

邮寄 yóujì

指通过邮局递送 (send by post or mail)：邮寄包裹｜邮寄电脑

词语辨析 (Analysis)

"寄"至少有以上两个常用义，其中第一个意义与"邮寄"义同。

寄 has at least two common meanings as above, among which only the first one is the same as 邮寄.

"寄"用作第一个义项时，与"邮寄"在用法上的异同主要有：

When 寄 is used in the first meaning, the similarities and differences in usages between 寄 and 邮寄 can be expressed as followings:

（1）二者都可以带宾语，如：

Both 寄 and 邮寄 can carry object.

我去邮局寄包裹。
我去邮局邮寄包裹。
他刚寄了一份资料。
他刚邮寄了一份资料。

不过，如果宾语是单音节词，则多用"寄"。如：
But if the object is monosyllabic, generally 寄 will be used.

我去邮局寄信，不是寄钱。
你不是说要寄书吗？

双宾语前多用"寄"。如：
Double object generally will follow 寄.

昨天刚寄他三百块钱，今天就没了。
妈妈寄我一件红色的毛衣。

（2）二者都可以后接处所词语，但是"寄"后的介词"到"可省略，"邮寄"后的"到"则一般不能省略。如：
Both 寄 and 邮寄 can carry location words, but the preposition 到 after 寄 can be omitted, and cannot be omitted when it is after 邮寄.

我有一封从上海寄（到）武汉的挂号信。
我有一封从上海邮寄到武汉的挂号信。
我有些衣服要寄（到）美国。
我有些衣服要邮寄到美国。

（3）"邮寄"一定要通过邮局，而"寄"则不一定。所以，如果不是通过邮局的动作行为，则得用"寄"，不能用"邮寄"。如：
邮寄 will be definitely depend on post office, so if something be sent by other way, but not through post office, we should use 寄.

妈妈托同胞给我寄来一些好吃的东西。
我请同学给她寄去几本书。

（4）二者都可以接趋向补语、结果补语，如：
Both 寄 and 邮寄 can carry directional complement, result complement.

妈妈给我寄来一些衣服。

妈妈给我邮寄来一些衣服。
你寄完包裹后去干什么？
你邮寄完包裹后去干什么？
礼物寄错了。
礼物邮寄错了。

但是，结果补语"成""慢""全""够"等前，多用"寄"，如：
But the result complement 成, 慢, 全, and 够, generally will follow 寄.

他把挂号信寄成平信了。
她嫌书寄慢了。
资料都寄全了吗？
妈妈给我寄够了生活费。

（5）"邮寄"可直接用作定语（无须助词"的"），"寄"则一般不能：
邮寄 can be used as attribute modifier without the particle 的, but 寄 generally cannot.

邮寄费很贵。
请写清楚邮寄人。
你们可以通过邮寄方式给我。
这两个包裹的邮寄日期不一样。

自测练习：用"寄"或者"邮寄"填空。
Exercise: Please fill in the blanks with 寄 or 邮寄.

1．有些公司通过邮局____广告和宣传品。
2．他每年都往家里____钱____物。
3．她每个月____我一百块钱。
4．山本想____一些书。
5．朋友给我____来一张卡片。
6．请问这是杂志____部吗？
7．____地址是什么？
8．每个火车站都有行李____存处。

参考答案(Answers)：1．寄/邮寄；2．寄；寄；3．寄； 4．寄/邮寄；
　　　　　　　　 5．寄/邮寄；6．邮寄； 7．邮寄；8．寄

加甲 & 增加甲

词语释义 (Explanation of Words)

加 jiā

（1）两个或两个以上的东西或数目合在一起（跟"减"相对）(plus)：三加二等于五

（2）使数量比原来大或程度比原来高；增加 (add; increase)：给汽车加油

（3）把本来没有的添上去；安放 (put in; add; append)：给文章加上标点符号

增加 zēngjiā

在原有的基础上加多 (add; increase; raise)：增加产量｜增加工资｜增加抵抗力

词语辨析 (Analysis)

"加"至少有以上三个常用义，其中第二个意义与"增加"义同。

加 has at least three common meanings as above, among which only the second one is the same as 增加.

"加"用作第二个义项时，与"增加"在用法上的异同主要有：

When 加 is used in the second meaning, the similarities and differences in usages between 加 and 增加 can be expressed as followings:

（1）二者都可以带具体名词性宾语，如：

Both 加 and 增加 can carry nominal object.

突然发现卧室里加了一张床。
突然发现卧室里增加了一张床。
请给我们加一双筷子。
请给我们增加一双筷子。

不过，多音节的抽象名词性宾语前，一般用"增加"，如：

But if the object is multisyllabic abstract noun, generally 增加 will be used.

常吃维生素C能增加抵抗力。
这件事情的成功能增加我的自信心。
这无疑增加了我的勇气。
让孩子参加夏令营既能锻炼身体又能增加知识。

单音节宾语前，一般用"加"，如：

If the object is monosyllabic, generally 加 will be used.

不要再给孩子加压了。
你的车子该加油了。
请随时注意加速！

（2）二者都可以接趋向补语、状态补语，如：
Both 加 and 增加 can carry directional complement, state complement.

工资这样加下去，明年我们就有钱买车子了。
工资这样增加下去，明年我们就有钱买车子了。
她的工资加得谁也不敢相信。
她的工资增加得谁也不敢相信。

但是，结果补语前，多用"加"，如：
But the result complement generally will follow 加.

这条马路需要加宽。
包裹加重了很多。
他加快了速度。
我要发一封加急电报。
这条裤子要加长一点儿。

（3）单独作谓语时，多用"增加"，如：
增加 can be used as predicate independently.

慢慢地，血液循环的速度增加了。
学生人数增加了。
他们家的房子又增加了。

（4）"增加"前可以加某些双音节的状语修饰语，如：
Disyllabic attribute modifiers can be used before 增加.

他的工资迅猛增加起来。
她进出那个学校的次数也大大增加了。
老人心跳的次数突然增加了。
居住人口在成倍增加。

自测练习：用"加"或者"增加"填空。

Exercise: Please fill in the blanks with 加 or 增加.

1. 我喜欢在咖啡里____糖。
2. 这个菜太淡了，还要____盐。
3. 突然发现钱包里____了1 000块钱。
4. 再____一把椅子吧。
5. 妈妈的沉默____了我的不安。
6. 这样只能____亲人的痛苦。
7. 他的退出无疑会____工作的难度。
8. 我们得把围墙再____高一点儿。

参考答案 (Answers)：1．加；　2．加；　3．加／增加；4．加／增加；
　　　　　　　　　　5．增加；6．增加；7．增加；　　8．加

奖乙 & 奖励丙

词语释义 (Explanation of Words)

奖 jiǎng

给予荣誉或财物来鼓励（encourage; reward）：奖你100元钱｜奖给他三个笔记本

奖励 jiǎnglì

给予荣誉或财物来鼓励（encourage; reward）：奖励一辆汽车｜奖励孩子很多玩具

词语辨析 (Analysis)

"奖"与"奖励"意义完全相同，二者在用法上的异同主要有：

The meaning of 奖 is identical with 奖励, the similarities and differences in their usages can be expressed as followings:

（1）二者都可以带名词性宾语、介词宾语和双宾语，如：

Both 奖 and 奖励 can carry nominal object, prepositional object, and double object.

每个人奖一个笔记本。
每个人奖励一个笔记本。
这五十块钱奖给老王。
这五十块钱奖励给老王。

学校奖他一台电脑。

学校奖励他一台电脑。

不过，动词性宾语和小句宾语前，多用"奖励"，如：

But if the object is verbal phrase or a clause, generally 奖励 will be used.

如果你赢了就奖励去北京旅游。

他爸爸奖励他吃两个冰激凌。

所有的父母都不会奖励孩子去偷东西。

单独的人称代词宾语前，多用"奖励"，如：

If the object is a person pronoun, generally 奖励 will be used.

赢了就应该奖励她。

昨天爸爸奖励了我。

（2）二者都可以接趋向补语、可能补语、结果补语"完"，如：

Both 奖 and 奖励 can carry directional complement, potential complement, result complement 完.

你怎么奖起我来了？

你怎么奖励起我来了？

每人一台电脑，我们奖不起！

每人一台电脑，我们奖励不起！

你们奖完了吗？

你们奖励完了吗？

不过，除"完"以外的其他结果补语前，多用"奖"，如：

But besides 完, other result complement generally will follow 奖.

我觉得钱奖多了？

学校奖错了对象。

（3）二者都可直接用作定语（无须助词"的"），但是"奖"一般用作单音节名词的定语，而"奖励"一般用作双音节名词的定语。如：

Both 奖 and 奖励 can be used as attribute without the help of particle 的, but the monosyllabic noun will follow 奖, and disyllabic noun will follow 奖励.

领导给我加奖金了。

打完比赛，我们都得到了奖品。

这只能看成是一种奖励方法。

奖励协议还没有写好。

（4）二者都可用作动词的宾语，不过，单音节动词后面一般用"奖"，双音节动词后面一般用"奖励"。如：

Both 奖 and 奖励 can be used as object, but 奖 will follow monosyllabic verb, and 奖励 will follow disyllabic verb.

听说明天发奖。

他领奖去了。

凡是通过考试的同学都给予奖励。

这次我们班有三位同学获得奖励。

自测练习：用"奖"或者"奖励"填空。

Exercise: Please fill in the blanks with 奖 or 奖励.

1. 每个同学____一支钢笔。
2. 这个笔记本是____给你的。
3. ____你一个 USB。
4. 妈妈____孩子去公园玩儿一天。
5. 毕业典礼上，我得到了一张____状。
6. 这次____情况怎么样？
7. 我每次比赛都能获____。
8. 对表现突出的学生予以____。

参考答案 (Answers)：1．奖 / 奖励；2．奖 / 奖励；3．奖 / 奖励；4．奖励；
5．奖；　　6．奖励；　　7．奖；　　8．奖励

接甲 & 迎接乙

词语释义 (Explanation of Words)

接 jiē

（1）连接；使连接 (connect; link)：接电线 | 从隔壁接来一根网线

（2）托住；承受 (catch; take hold of; support)：接球｜接西瓜｜盆子里接了很多水

（3）接受 (accept; receive)：接电话｜接到三封请柬｜他给钱，我没接

（4）迎接 (meet; welcome)：去车站接人｜去飞机场接一个朋友

（5）接替 (take over; succeed)：接班｜他明天来接我的工作

迎接 yíngjiē

到某个地点去陪同客人等一起来 (meet; welcome)：去校门口迎接朋友

词语辨析 (Analysis)

"接"至少有以上五个常用义，其中第四个意义与"迎接"义同。

接 has at least five common meanings as above, among which only the fourth one is the same as 迎接.

"接"用作第四个义项时，与"迎接"在用法上的异同主要有：

When 接 is used in the fourth meaning, the similarities and differences in usages between 接 and 迎接 can be expressed as followings:

（1）二者都可以带指人的宾语，如：

Both 接 and 迎接 can carry object referring to person.

我去车站接妈妈。

我去车站迎接妈妈。

我们在楼下接她。

我们在楼下迎接她。

如果宾语不是表示人的词语，则动词得用"迎接"，如：

If the object doesn't refer to person, generally 迎接 should be used.

为了迎接考试，同学们都在努力地学习。

为了迎接客人的到来，妈妈把房间打扫得干干净净的。

夏天还没过完，他们就在准备迎接秋天了。

我们正在迎接新的任务。

（2）二者后面都可接处所词语，不过，"接"后的"到"可省略，而"迎接"后的"到"则一般不能省略。如：

Both 接 and 迎接 can carry location words, but the preposition 到 after 接 can be omitted, and cannot be omitted when it is after 迎接.

你可以把她接（到）家里来。

你可以把她迎接到家里来。
奶奶把孙子接（到）乡下去了。
奶奶把孙子迎接到乡下去了。

（3）二者后面都可以接助词"了""过"，如：
Both 接 and 迎接 can be followed by particle 了 and 过．

昨天我去车站接了她。
昨天我去车站迎接了她。
我去飞机场接过很多人。
我去飞机场迎接过很多人。

但是"迎接"后还能接助词"着"，而"接"则一般不能这样用。如：
But the particle 着 generally will follow 迎接．

一大早就看见两位妇女在门口迎接着。
不用这么热情地迎接着！

（4）如果主语不是指人的词语，则动词要用"迎接"，如：
If the subject doesn't refer to person, generally 迎接 will be used.

武汉以清洁美丽的面貌迎接着中外游客。
鸟儿用欢快的歌声迎接我们。

（5）"迎接"可直接用作名词的定语(不用助词"的")，如：
迎接 can be used as attribute modifier without the particle 的．

我不喜欢这种迎接方式。
请告诉我迎接地点和时间。

自测练习：用"接"或者"迎接"填空。
Exercise: Please fill in the blanks with 接 or 迎接．

1．他开车去____新娘。
2．你应该把客人____到家里来。
3．我们可以把朋友____学校去。
4．我们应该怎样____未来呢？
5．人们用各种方式____新年的到来。
6．大家都在准备着____胜利。

7. 你去什么地方____ 过客人没有？
8. 孩子们在家门口异常兴奋地____ 着妈妈。

参考答案 (Answers)：1. 接 / 迎接；2. 接 / 迎接；3. 接； 4. 迎接；
5. 迎接； 6. 迎接； 7. 接 / 迎接；8. 迎接

拒丁 & 拒绝乙

词语释义 (Explanation of Words)

拒 jù

（1）抵抗；抵挡 (resist; struggle)：他开枪拒捕｜难以抗拒的诱惑

（2）拒绝 (reject; refuse; decline)：拒客｜拒见外人｜来者不拒

拒绝 jùjué

不接受；不答应 (reject; refuse; turn down)：他拒绝和我见面｜老板拒绝签字

词语辨析 (Analysis)

"拒"的常用意义至少有以上两个，其中只有第二个意义与"拒绝"义同。

拒 has at least two common meanings as above, among which only the second one is the same as 拒绝.

"拒"用作第二个义项时，与"拒绝"在用法上的异同主要有：

When 拒 is used in the second meaning, the similarities and differences in usages between 拒 and 拒绝 can be expressed as followings:

（1）二者都可带动词性宾语，如：

Both 拒 and 拒绝 can carry verbal object.

他拒收重礼。

他拒绝收重礼。

老板拒付工资。

老板拒绝付工资。

但是，如果宾语是单音节动词，则多用"拒"，如：

But if the object is monosyllabic verb, generally 拒 will be used.

这次她被拒签了。
所有送来的礼品都拒收。

如果宾语中的动词是双音节动词，则谓语动词一般只能用"拒绝"，如：
If the verb of the object is disyllabic, generally 拒绝 will be used.

她拒绝回答与本案无关的问题。
这个商店拒绝出售任何东西。
您不会拒绝帮忙吧?
孩子拒绝睡觉。

如果宾语是由小句充当，则一般用"拒绝"。如：
If the object is acted by a clause, generally 拒绝 will be used.

他拒绝了那姑娘为他洗衣做饭。
不能拒绝他回家来。

如果宾语是名词性词语，则多用"拒绝"。如：
If the object is acted by nominal words, 拒绝 will be used.

大夫拒绝了她的要求。
我一向不会拒绝朋友。
你可以拒绝我，但不能拒绝艺术。

（2）如果前面的状语修饰语是单音节词，则多用"拒"。如：
If the adverbial modifier is monosyllabic, generally 拒 will be used.

我婉拒了她的请求。
我们要严拒别人的无理要求。

如果修饰语是不带助词"地"的双音节词，且动词后没有其他成分，则用"拒绝"。如：
If the adverbial modifier is disyllabic word, and without carry any other words, 拒绝 will be used.

问题是我不会喝酒，只得拼命拒绝。
我们一再要求他去，他却反复拒绝。

（3）"拒绝"前可加定语修饰语，"拒"前则一般不能。如：
Attribute modifier can be used before 拒绝, but generally cannot before 拒.

一旦受到女孩子的拒绝，他就不知道怎么办了。

没听到他的拒绝吗？

另外，"拒"可以用于"拒＋不＋动词"结构中，而"拒绝"一般不能。如：
Besides, 拒 can be used in the pattern of 拒＋不＋ verb, but generally 拒绝 cannot.

他拒不回答老师的问题。

孩子拒不接受我们的意见。

她拒不认错。

自测练习：用"拒"或者"拒绝"填空。

Exercise: Please fill in the blanks with 拒 or 拒绝.

1. 她今天____见任何人。

2. 出租车不能____载。

3. 爸爸总是____休息。

4. 我____了他给我钱。

5. 妈妈一般都不会____我的要求。

6. 你不要立即____。

7. 他的____让我难以接受。

8. 弟弟____不承认错误。

参考答案 (Answers)：1．拒/拒绝；2．拒；　3．拒绝；4．拒绝；
　　　　　　　　　　5．拒绝；　6．拒绝；7．拒绝；8．拒

K

开甲 & 打开

词语释义 (Explanation of Words)

开 kāi

（1）使关闭着的东西不再关闭；打开 (open; turn on)：开门｜开窗户｜开箱子

（2）使流动；使运行（turn on; switch on）：开电视｜开灯｜开水龙头

（3）发动或操纵 (drive; operate)：开车｜开飞机｜开枪

（4）开办 (run)：开工厂｜开公司｜他们家开了一个商店

（5）举行（会议等）[hold (a meeting, etc.)]：开会｜开运动会

（6）写出（多指内容分项的单据、信件等）(write out)：开发票｜开药方

（7）（液体）受热而沸腾 (boil)：水开了｜咖啡煮开了

打开 dǎkāi

（1）改变关闭状态 (如一扇门或一只盖子)（open）：打开门｜打开窗户

（2）使流动；使运行（turn on; switch on）：打开收音机｜打开龙头｜打开阀门

（3）使处于一种展开的或伸展的状态（break out）：打开书

（4）松开，解开（untie）：打开拉链

词语辨析 (Analysis)

"开"和"打开"都有多个义项。"开"的常用意义至少有以上七个，其中只有第一和第二个义项与"打开"的第一个和第二个意义相同。

Both 开 and 打开 have several meanings. The first two meanings of 开 and 打开 are the same.

"开"与"打开"都用作第一、二个义项时，二者在用法上的异同主要有：

When both 开 and 打开 are used in their first two meanings, the similarities and differences in their usages can be expressed as followings:

（1）二者都可以带宾语，如：

Both 开 and 打开 can carry object.

我刚要开门，妈妈就回来了。
我刚要打开门，妈妈就回来了。
孩子自己开了自行车的锁。
孩子自己打开了自行车的锁。
请不要开电扇！
请不要打开电扇！

但是，如果宾语是与"纸"有关的东西时，一般只能用"打开"。如：

But if the object related to paper, generally 打开 will be used.

他在阅览室里打开百科全书和词典。
她打开信读了起来。
大卫打开菜谱开始点菜。
现在是听写，请不要打开书。

（2）"开"可用作另一动词的补语，而"打开"则不能这样用。如：

开 can be used as complement for another verb, but 打开 generally cannot be used in this way.

他为我拉开了车门。
他们撞开了家门。
她没睁开眼睛。

（3）二者都可用作连动结构的第一个动词，不过"开"后一般得带有宾语，而"打开"则没有这个限制。如：

Both 开 and 打开 can be used as the first verb in *liandong* construction, but generally 开 needs to be followed by object, and 打开 has no limit to this.

要不要开门看看？
要不要打开（门）看看？
我想开空调吹一下。
我想打开（空调）吹一下。
这东西能不能现在就打开吃？

（4）"把"字句和"被"字句中，多用"打开"。如：

打开 can be used in *ba-* sentence and *bei-* sentence.

我把录音机打开了。
请把灯打开。
窗户被打开了。
大门被打开了。

（5）"开"加助词"着"后可以用作状语修饰语，而"打开"则一般不能这样用。如：

The pattern 开＋着＋ *object* can be used as adverbial modifier, to indicate how to do something. But 打开 generally cannot be used in this way.

我喜欢开着灯睡觉。
他们开着电视聊天儿。
我们都喜欢开着空调上课。

自测练习：用"开"或者"打开"填空。

Exercise: Please fill in the blanks with 开 or 打开.

1. 小偷想____窗户跳下去。
2. 他很快就____了卷子。
3. 有些人习惯____着灯睡觉。
4. 我____了冰箱，拿出一个苹果吃了起来。
5. 她翻____电话本寻找朋友的电话号码。
6. 这瓶香水很香，你要不要____闻一下？
7. 我把水龙头____了。
8. 半夜的时候，她家的门突然被____了。

参考答案 (Answers)：1．开／打开；2．打开；3．开； 4．开／打开； 5．开； 6．打开；7．打开；8．打开

考_乙 & 考试_甲

词语释义 (Explanation of Words)

考 kǎo

考试 (test; examine)：考语言｜考听力｜考驾照｜考了100分

考试 kǎoshì

考查知识或技能的一种方法 (test; examination)：参加考试｜每一门课都要考试

词语辨析 (Analysis)

"考"与"考试"意义完全相同，二者在用法上的异同主要有：

The meaning of 考 is identical with 考试. The similarities and differences in their usages can be expressed as followings:

（1）"考"可以接各类宾语，而"考试"则一般不能接宾语。如：

考 can carry object, but 考试 cannot.

大学毕业后我想考研究生。（目的宾语）

他考了八十分。（结果宾语）

我想明年考大学。（处所宾语）

明天老师要考我们。（对象宾语）

我们今天考数学。（受事宾语）

我不喜欢考听写。（动词宾语）

他在考我汉语学得好不好。（小句宾语）

（2）"考"可接结果补语、趋向补语、状态补语等，而"考试"则很少能接补语。如：

考 can carry result complement, directional complement, and state complement, etc. But generally 考试 seldom can carry complement.

她考上了北京大学。

我数学考糟了。

几门课考下来她累死了。

他考得很好。

"考""考试"都能接动量补语，但是，动量补语只能位于"考"与"试"之间，如：

Both 考 and 考试 can carry action-measured complement, which is should be located between 考 and 试, or after 考.

我考过两次。
我考过两次试。

二者都能接结果补语"完""好",不过,"完""好"一般都只能位于"考"与"试"之间,如:

Result complement 完 and 好 should be located between 考 and 试, or just after 考 without 试.

我们考完了。
我们考完试了。
去旅游的事,等你考好了再说。
去旅游的事,等你考好了试再说。

(3)二者都可以用作动词的宾语,不过,单音节动词后面一般用"考",双音节动词后面一般用"考试"。如:

Both 考 and 考试 can be used as object, but generally 考 will follow monosyllabic verb, and 考试 will follow disyllabic verb.

我想报考。
他应考去了。
明年你们可以学习专业,但是必须通过考试。
你得参加考试。

但是,动词"有"后只能用"考试"。如:

But the verb 有 can only carry 考试 as its object.

我们明天有考试。

(4)二者都可以直接用作定语,不过,"考"一般用于单音节名词前,"考试"则一般用于双音节名词前。如:

Both 考 and 考试 can be used as attribute modifier without the help of particle 的, but generally 考 will be used before the monosyllabic noun, and 考试 will be used before the disyllabic noun.

同学们开始在考卷上写字。

我不是老师，是考生。

我们要做很多考试卷子。

考试结果明天就能出来。

（5）"考试"前可加定语修饰语，如：

Attribute modifier can be used before 考试, but 考 generally cannot be used in this way.

他的考试总是不及格。

我们在准备期末考试。

儿子升学考试的分数出来了。

另外，单独作谓语时，既可用"考"，也可用"考试"，如：

In addition, both 考 and 考试 can be used as predicate independently.

今天下午考。

今天下午考试。

自测练习：用"考"或者"考试"填空。

Exercise: Please fill in the blanks with 考 or 考试.

1. 我们今天____听力。
2. 他____上大学了。
3. 你能____取我们学校吗？
4. 你____得怎么样？
5. 来中国前，我们都通过了语言____。
6. 招____的老师说我的表现很棒。
7. HSK 课专门教我们怎么应付____。
8. 我们想看一下____成绩。
9. 老师在忙着出____题。
10. 他自信地走进____场。

参考答案 (Answers)：1．考；2．考； 3．考； 4．考；5．考试； 6．考；7．考试；8．考试；9．考；10．考

靠₂ & 依靠₂

词语释义 (Explanation of Words)

靠 kào

（1）人或物体凭借其他东西的支持站、坐或竖起 (lean)：把梯子靠在墙上｜靠树站着

（2）接近，挨近 (be near)：船靠岸了｜桌子靠桌子

（3）依靠 (rely on; depend on)：靠工资吃饭｜靠爸爸一个人养活全家

依靠 yīkào

指望（人或物）(rely on; depend on)：依靠父母

词语辨析 (Analysis)

"靠"至少有以上三个常用义，其中第三个意义与"依靠"义同。

靠 has at least three common meanings as above, among which only the third one is the same as 依靠.

"靠"用作第三个义项时，与"依靠"在用法上的异同主要有：

When 靠 is used in the third meaning, the similarities and differences in usages between 靠 and 依靠 can be expressed as followings:

（1）二者都可以带名词性宾语、动词性宾语、兼语宾语、小句宾语等。

Both 靠 and 依靠 can carry nominal object, verbal object, *jianyu* object, clause object.

我们现在的生活来源主要靠父母。
我们现在的生活来源主要依靠父母。
乞丐靠乞讨为生。
乞丐依靠乞讨为生。
这么多孩子全靠一个爸爸保护。
这么多孩子全依靠一个爸爸保护。
我们家主要靠爸爸挣钱养家。
我们家主要依靠爸爸挣钱养家。

不过，如果谓语是连动结构，且第一个动词结构表示第二个动词结构的方式，则第一个动词结构前面的动词多用"靠"。如：

But if the predicate is *liandong* pattern, and the first verb indicates how to proceed the action acted by the second verb, generally 靠 will be used before the first verb phrase.

她靠卖唱挣钱。
他靠骑自行车到各个城市去旅游。
他靠吃方便面度过了一天。

（2）二者都可以接可能补语、趋向补语，如：

Both 靠 and 依靠 can carry potential complement, directional complement.

谁也靠不上。
谁也依靠不上。
你怎么靠起我来了？
你怎么依靠起我来了？

但是，可能补语"不（得）住"前，多用"靠"，如：

But the potential complement 不住 / 得住 will follow 靠.

质量靠得住。
这个人靠不住。

（3）二者都可接助词"着""过"，如：

Both 靠 and 依靠 can carry the particle 着 and 过.

她靠着叔叔生活了许多年。
她依靠着叔叔生活了许多年。
我这一辈子没有靠过谁。
我这一辈子没有依靠过谁。

但是，助词"了"前，多用"靠"，如：

But the particle 了 generally will follow 靠.

一路上我靠了她的支撑才没摔跤。
你是靠了谁的帮助才完成任务的？

（4）"依靠"可用作动词的宾语，如：

依靠 can be used as object.

你有依靠吗？
我想找个依靠。

（5）"依靠"前面可加定语修饰语，如：

Attribute modifier can be used before 依靠.

儿子是她现在唯一的依靠。

你的依靠是谁？

他是我理想中的依靠。

自测练习：用"靠"或者"依靠"填空。

Exercise: Please fill in the blanks with 靠 or 依靠.

1．我们不能一辈子都____家里。
2．减肥不能光____吃药。
3．他____走路上下班。
4．山本生病的时候全____我给他做饭。
5．女孩儿都希望找到一个____得住的男朋友。
6．我希望他是我理想中的____。
7．我是____了她的帮助才通过 HSK 的。
8．大卫在中国没有任何____。

参考答案 (Answers)：1．靠 / 依靠； 2．靠 / 依靠； 3．靠； 4．靠；
　　　　　　　　　　5．靠； 6．依靠； 7．靠； 8．依靠

夸丙 & 夸奖丁

词语释义 (Explanation of Words)

夸 kuā

（1）夸大 (exaggerate; overstate; boast)：夸海口｜夸口

（2）夸奖 (praise)：夸他｜夸孩子聪明｜老板不轻易夸人

夸奖 kuājiǎng

称道；赞扬 (praise)：我们都夸奖他｜老师夸奖了他几句

词语辨析 (Analysis)

"夸"至少有以上两个常用义，其中第二个意义与"夸奖"义同。

夸 has at least two common meanings as above, among which only the second one is the same as 夸奖.

"夸"用作第二个义项时，与"夸奖"在用法上的异同主要有：

When 夸 is used in the second meaning, the similarities and differences in usages between 夸 and 夸奖 can be expressed as followings:

（1）二者都可以带名词性宾语、小句宾语，如：

Both 夸 and 夸奖 can carry nominal object, clause object.

大家都在夸你。
大家都在夸奖你。
人人都夸这孩子字写得好。
人人都夸奖这孩子字写得好。

但是，形容词性宾语前，用"夸"。一般地，这种宾语本身就是"夸"说的内容。如：

But if the object is adjective, generally 夸 will be used.

他不住地点头夸好。
老板连声夸漂亮。

（2）在"夸"的对象和数量词同时出现时，数量词可位于"夸"和对象之后或者之间，却只能位于"夸奖"和对象之后。如：

When the object and numeral quantifier occur together, the numeral quantifier can be after the object of 夸 or between 夸 and object，but can only be after the object of 夸奖．

妈妈每天夸孩子一句。
妈妈每天夸一句孩子。
妈妈每天夸奖孩子一句。（一般不说"妈妈每天夸奖一句孩子"）

（3）二者都可接趋向补语、状态补语、结果补语"完"，如：

Both 夸 and 夸奖 can carry directional complement, state complement.

你怎么夸起我来了？
你怎么夸奖起我来了？
她被夸得不好意思了。
她被夸奖得不好意思了。
夸完哥哥又夸弟弟。
夸奖完哥哥又夸奖弟弟。

但是，"完"以外的结果补语前，多用"夸"，如：

But besides 完 , other result complement generally will follow 夸 .

夸多了孩子反而不好。

我都被别人夸烦了。

她夸累了，懒得说了。

我把妈妈夸高兴了。

（4）如果前面的状语修饰语是单音节词，则多用"夸"。如：

If the adverbial modifier is monosyllabic, generally 夸 will be used.

他猛夸你好。

那个小偷自夸腿快，没人追得上他。

这是浮夸。

（5）"夸奖"前可加定语修饰语，"夸"则不能。如：

Attribute modifier can be used before 夸奖, but generally cannot before 夸.

总能听到别人的夸奖。

我不需要任何夸奖。

这也算一种夸奖？

（6）"夸奖"可用作宾语，"夸"则一般不能。如：

夸奖 can be used as object, but generally 夸 cannot be used in this way.

孩子笑眯眯地站在那里，等着夸奖。

不管丈夫的饭做得怎么样，妻子总是予以夸奖和鼓励。

自测练习：用"夸"或者"夸奖"填空。

Exercise: Please fill in the blanks with 夸 or 夸奖.

1. 人人都____她。
2. 爸爸____我最近进步很大。
3. 妈妈一个劲儿地____不错。
4. 他____了一句旁边女生。
5. 老师____了学生好几句。
6. 有个男生大____你长得漂亮。
7. 他们____起我来了。
8. 今天我得到了很多____。

参考答案 (Answers)：1. 夸 / 夸奖；2. 夸 / 夸奖；3. 夸； 4. 夸；
　　　　　　　　　　5. 夸 / 夸奖；6. 夸； 7. 夸 / 夸奖；8. 夸奖

L

拦~乙~ & 阻拦~丁~

词语释义 (Explanation of Words)

拦 lán

不让通过；阻拦 (stop; block)：拦车｜拦行人｜周围拦了铁丝网

阻拦 zǔlán

不让通过；使停止前进（stop; bar the way）：阻拦记者｜不用阻拦他

词语辨析 (Analysis)

"拦"与"阻拦"的意义基本相同。二者在用法上的异同主要有：

The meaning of 拦 is identical with 阻拦. The similarities and differences in their usages can be expressed as followings:

（1）二者都可以带名词性宾语，不过用"拦"和"阻拦"，意义稍有差异：用"拦"表示主语要使用被拦对象；用"阻拦"则只是表示主语不让被拦对象前进。如：

Both 拦 and 阻拦 can carry nominal object, but there is a little difference between 拦＋object pattern and 阻拦＋object pattern: the former means the subject want to use the object, but the latter means that the subject want to stop the object.

请帮我拦一辆车。（"我"要用"车"）

请帮我阻拦那辆车。（"我"不想让"那辆车"前进或通过）

如果宾语是指人的代词或名词，则动词用"拦"或"阻拦"意思都一样：表示不让宾语所指代的人前进。如：

But if the object refers to person, both 拦＋object and 阻拦＋object means to stop the object.

警察没有拦小偷。
警察没有阻拦小偷。
你们别拦我。
你们别阻拦我。

"阻拦"还能带动词性宾语和小句宾语,"拦"则一般不能。如:

阻拦 can also carry verbal object and clause object, but 拦 generally cannot.

谁敢阻拦卖钟?
他想阻拦我结婚。
保安尽力阻拦出租车进入小区。

(2)二者都可以接可能补语、双音节的趋向补语、结果补语"住",如:

Both 拦 and 阻拦 can carry potential complement, disyllabic directional complement, and result complement 住.

谁也拦不了他。
谁也阻拦不了他。
警察把人们拦回去了。
警察把人们阻拦回去了。
没有人能拦住他。
没有人能阻拦住他。

不过,单音节的趋向补语、"住"以外的结果补语前,多用"拦",如:

But monosyllabic directional complement and result complement other than 住, will follow 拦.

她拦下了大客车。
摩托车被交警拦去了。
我拦到一辆出租车。
人们终于拦停了那辆撞人的车子。

(3)光杆动词前面有双音节修饰语时,该动词多用"阻拦",如:

If there is disyllabic modifier, but neither any complement nor object, generally the verb should be 阻拦.

他们遭到强行阻拦。
虽然妈妈再三阻拦,但是孩子们还是跑掉了。

我极力阻拦，但无济于事。

但是，如果动词后面还有补语和宾语，则多用"拦"，如：

But if there is other element, such as complement and object, generally 拦 will be used.

他们强行拦下一辆出租车。

我极力拦住他。

（4）"拦"可用于存现句，"阻拦"则一般不能：

拦 can be used in existential sentence, but generally 阻拦 cannot.

前面拦着一排警察。

门口拦了一根绳子。

（5）"阻拦"前面可加定语修饰语，"拦"则一般不能。如：

Attribute modifier can be used before 阻拦, but generally cannot before 拦.

当游行队伍到达政府门前时，遇到军警的阻拦。

我们受到当地人的阻拦。

不要给她任何阻拦。

（6）"阻拦"可以用作某些双音动词的宾语，"拦"则一般不能。如：

阻拦 can be used as object of some disyllabic verbs, but generally 拦 cannot.

我们一定要对他们进行阻拦。

几个月后，我冲破阻拦，离家出走。

我们一路上没有受到阻拦。

自测练习：用"拦"或者"阻拦"填空。

Exercise: Please fill in the blanks with 拦 or 阻拦.

1. 没有人敢____那辆车。
2. 警察有时候帮需要坐车的人____车。
3. 不要____我，好不好？
4. 妈妈想____他去跳舞。
5. 如果有把握____汽车开走，那么你就去。
6. 请帮我____下那个人。
7. 监狱周围都____了铁丝网。

8. 他不顾大家的____，还是走了。

参考答案 (Answers)：1. 拦／阻拦；2. 拦；3. 拦／阻拦；4. 阻拦；
5. 阻拦； 6. 拦； 7. 拦； 8. 阻拦

练$_乙$ & 练习$_甲$

词语释义 (Explanation of Words)

练 liàn

练习 (practice; train; drill)：练字｜练发音｜练舞蹈｜练太极拳｜练写毛笔字

练习 liànxí

反复学习，以求熟练 (practice; exercise)：练习汉字｜练习舞蹈｜练习滑冰

词语辨析 (Analysis)

"练"与"练习"的意义完全相同，二者在用法上的异同主要有：

The meaning of 练 is identical with 练习, the similarities and differences in their usages can be expressed as followings:

（1）二者都可以带名词性宾语、动词性宾语，如：

Both 练 and 练习 can carry nominal object and verbal object.

我们在练汉语。

我们在练习汉语。

他们在练跳舞。

他们在练习跳舞。

但是，单音节宾语前，多用"练"。如：

But if the object is monosyllabic, generally 练 should be used.

我天天练车。

他们喜欢练球。

孩子不喜欢练字。

如果宾语表示动作的结果，则动词用"练"，如：

If the object refers to the result of the action, generally the verb will be 练.

131

他们都练了一身本事。
怎么样才能练一手好字？

（2）二者都可以接趋向补语、状态补语、结果补语"完""好"。如：
Both 练 and 练习 can carry directional complement, state complement, result complement 完 and 好.

你们应该坚持练下去。
你们应该坚持练习下去。
我们练得很辛苦。
我们练习得很辛苦。
我练完了。
我练习完了。
普通话你练好了吗？
普通话你练习好了吗？

不过，除"完""好"外，其他结果补语前，多用"练"。如：
Besides 完 and 好, other result complement will generally follow 练.

我们已经练坏了一个足球。
我练熟了钢笔字再练毛笔字。
她的肚子练瘦了很多。

（3）"练习"可直接用作名词的定语，"练"则一般不能。如：
练习 can be used as attribute modifier without the help of particle 的, but generally 练 cannot.

她不愿意做练习题。
这儿是我们的练习场。
练习册发了没有？
你的练习方法不对。

（4）"练习"前可加定语修饰语，"练"则一般不能。如：
Attribute modifier can be used before 练习, but generally cannot before 练.

老师每天都要改学生的练习。
妈妈总是给孩子布置很多练习。
我什么练习都不想做。

132

自测练习: 用"练"或者"练习"填空。

Exercise: Please fill in the blanks with 练 or 练习.

1. 操场上有很多人在____武功。
2. 我想____写毛笔字。
3. 女儿天天____琴。
4. 她很想____一口标准的普通话。
5. ____完了才能去吃饭。
6. 你先把腿____瘦了再说。
7. 这是你要的____本。
8. 我们每天要做很多____。

参考答案 (Answers): 1. 练/练习; 2. 练/练习; 3. 练; 4. 练;
5. 练/练习; 6. 练; 7. 练习; 8. 练习

M

买甲 & 购买丙

词语释义 (Explanation of Words)

买 mǎi

拿钱换东西（跟"卖"相对）(buy; purchase)：买菜 | 买东西 | 买车票

购买 gòumǎi

买 (buy; purchase)：购买生日礼物 | 购买生活必须用品

词语辨析 (Analysis)

"买"与"购买"的意思完全相同，在用法上的异同主要有：

The meaning of 买 is identical with 购买, the similarities and differences in their usages can be expressed as followings:

（1）二者都可以带宾语，如：

Both 买 and 购买 can carry object.

我已经买了保险。
我已经购买了保险。
老师让我去书店买参考书。
老师让我去书店购买参考书。

不过，当宾语是单音节词时，多用"买"。如：

But the monosyllabic object generally will follow 买.

妈妈每天都去买菜。
我明天去买票。
他买烟回来了。

你要不要买书?

(2) 二者都可带"数量名"宾语,如:

The *numeral + quantifier + noun* pattern can follow both 买 and 购买.

他买了两本电子书。
他购买了两本电子书。

不过,数词"一"位于"买"后时可以省略,位于"购买"后时则一般不能省略。如:

But the numeral 一 after 买 can be omitted, and generally cannot be omitted when it is after 购买.

你去买(一)只鸡吧。
你去购买一只鸡吧。
我想买(一)张桌子。
我想购买一张桌子。

(3) 二者都可接趋向补语和可能补语,如:

Both 买 and 购买 can carry directional complement and potential complement.

这是我花了很多钱买来的。
这是我花了很多钱购买来的。
哪儿买得到手枪?
哪儿购买得到手枪?

但是,如果趋向补语后还有宾语,则多用"买",如:

But if there is object after the directional complement, generally 买 will be used.

他花了两千元买下这件衣服。
妈妈为我买来了西药。
这是我买回来的小狗。

结果补语前,多用"买",如:

The result complement generally will follow 买.

我把他的瓜子全买光了。
我买好车票后就去车站了。
终于买着飞机票了。

她买通了医生给她开假证明。

谁买走了那套房子？

（4）"购买"可直接用作定语（无须助词"的"），"买"则一般不能。如：

购买 can be used as attribute modifier without the help of particle 的, but 买 generally cannot be used in this way.

女孩子最好学会控制自己的购买欲。

据说中国游客的购买力很强。

她没有购买能力。

这种购买方式不对。

（5）"买"可用作词素，如"买主""买卖""收买"等：

买 can be used as morpheme to build other words, such as 买主, 买卖, 收买, etc.

这房子的买主是谁？

亏本的买卖我不做。

他想用钱收买人心。

自测练习：用"买"或者"购买"填空。

Exercise: Please fill in the blanks with 买 or 购买.

1．妈妈喜欢____各式各样的衣服。

2．她____报去了。

3．叔叔，____束花吧。

4．他准备去____一台电脑。

5．这里的书都被他们____光了。

6．你花多少钱都____不到真正的友情。

7．人们都愿意花钱____快乐。

8．商家总是尽力满足顾客的____需求。

参考答案 (Answers)：1．买 / 购买；2．买；　　3．买；　　4．买 / 购买；
　　　　　　　　　　　5．买；　　6．买 / 购买；7．买 / 购买；8．购买

瞒丙 & 隐瞒丁

词语释义 (Explanation of Words)

瞒 mán

把真实情况隐藏起来，不让别人知道；隐瞒（hide the truth from）：瞒着爸爸｜瞒了一件事

隐瞒 yǐnmán

掩盖真相，不让人知道 [conceal (sth. from sb.)]：隐瞒自己的年龄｜隐瞒历史

词语辨析 (Analysis)

"瞒"和"隐瞒"的意思基本相同，在很多情况下都能互换着用，用法上的异同主要有：

The meaning of 瞒 is basically the same as 隐瞒, in many situations, they can be substituted for each other. The similarities and differences in their usages can be expressed as followings:

（1）二者都可以带宾语，如：

Both 瞒 and 隐瞒 can carry object.

女人不必瞒自己的年龄。

女人不必隐瞒自己的年龄。

人称代词宾语前，多用"瞒"，如：

If the object is person pronoun, generally 瞒 will be used.

这么重要的事，你们为什么瞒我？

你不应该瞒他。

不过，如果有助词"着"，则人称代词宾语前用"瞒"和"隐瞒"都很常见，如：

But if there is particle 着, the object acted by person pronoun can follow both 瞒 and 隐瞒.

你还有什么事瞒着我？

你还有什么事隐瞒着我？

双宾语前，多用"瞒"，如：

The double object generally will follow 瞒.

今年我瞒了妈妈两件事。
男朋友瞒了我很多事。

小句宾语前，多用"隐瞒"，如：
The object acted by clause generally will follow 隐瞒.

他们隐瞒他是罪犯的孩子。
她没有隐瞒自己结婚了。

（2）二者都可接趋向补语、可能补语、状态补语、结果补语"住"，如：
Both 瞒 and 隐瞒 can carry directional complement, potential complement, state complement, and result complement 住.

我不想再瞒下去了。
我不想再隐瞒下去了。
这么大的事，你瞒不了。
这么大的事，你隐瞒不了。
你瞒得真好啊！
你隐瞒得真好啊！
他们对老人瞒住真实消息。
他们对老人隐瞒住真实消息

不过，如果可能补语后有指人的宾语，则多用"瞒"，如：
But if the potential complement is followed by object referring to person, generally 瞒 will be used.

这种事情你瞒不住父母。
这瞒得了弟兄瞒不了夫人。
什么事情都瞒不过你。

（3）"隐瞒"前面可以加定语修饰语，"瞒"则一般不能。如：
Attribute modifier can be used before 隐瞒, but generally cannot be used before 瞒.

我们没有任何隐瞒。
妈妈对我没有半点儿隐瞒。
这种隐瞒完全没有必要。

（4）"隐瞒"可以用作某些词语的宾语，"瞒"则一般不能。如：

隐瞒 can be used as object, but 瞒 generally cannot.

大多数男性对自己的疾病或痛苦，都尽量加以隐瞒。

女性习惯性地对自己的年龄予以隐瞒。

自测练习：用"瞒"或者"隐瞒"填空。

Exercise: Please fill in the blanks with 瞒 or 隐瞒 .

1. 有件事我一直____着你。
2. 为了____住自己的身份，她用了个假名。
3. 我____了你两笔账。
4. 她____她有丈夫了。
5. 妈妈对我们____了爸爸的事情。
6. 很多事情都是____不住的。
7. 这样____得过她吗？
8. 夫妻之间最好不要有任何____。

参考答案 (Answers)：1．瞒／隐瞒；2．瞒／隐瞒；3．瞒；4．隐瞒；
5．瞒／隐瞒；6．瞒／隐瞒；7．瞒；8．隐瞒

摸₂ & 抚摸

词语释义 (Explanation of Words)

摸 mō

（1）用手接触一下（物体）后轻轻移动 (feel; stroke; touch)：摸手｜摸头发

（2）用手探取；寻找（grope for; fumble for）：摸鱼｜在口袋里摸到钱了

（3）试着了解 (try to find out)：摸规律｜你先去摸摸情况｜你摸清了他的脾气没有

（4）暗中进行；在认不清的道路上行走 (grope in the dark)：摸路｜摸黑

抚摸 fǔmō

用手轻轻地按着并来回移动（stroke）：抚摸孩子的脸｜轻轻地抚摸着戒指

词语辨析 (Analysis)

"摸"至少有以上四个常用义，其中第一个意义与"抚摸"义同。

摸 has at least four common meanings as above, among which only the first one is the same as 抚摸.

"摸"用作第一个义项时，与"抚摸"在用法上的异同主要有：

When 摸 is used in the first meaning, the similarities and differences in usages between 摸 and 抚摸 can be expressed as followings:

（1）二者都能带名词性宾语，如：

Both 摸 and 抚摸 can carry nominal object.

请不要摸它。
请不要抚摸它。
他伸过手来摸我的脸。
他伸过手来抚摸我的脸。

不过，小句宾语前，多用"摸"，如：

But if the object is a clause, generally 摸 will be used.

我摸他发不发烧。
我摸你长没长尾巴。
他摸门结不结实。

（2）"摸"可以是有感情的动作，也可以是不带感情的动作；而"抚摸"则一定是有感情的动作。所以如果语境不需要"有感情的动作"，则多用"摸"，如：

The action of 抚摸 is definitely emotional. So if the feeling doesn't need to be expressed, it is better to use 摸.

不能随便摸博物馆里的东西。
他摸了一下鼻子，向四周看了一眼。
他一天到晚总去摸他的胡须，好叫他的手有个地方放一放。

（3）一般地，"抚摸"的时间都不会太短，所以如果动作非常迅速且时间非常短，则多用"摸"，如：

Comparatively, the time used to 抚摸 should not be too short. So if the action is very fast and lasts very shot time, generally 摸 will be used.

他很快地摸了小张一下。
我用手迅速地摸一下热水杯。

（4）二者都可以接趋向补语、状态补语、可能补语、结果补语，如：

Both 摸 and 抚摸 can carry directional complement, state complement, potential complement, result complement.

他就这样摸起来了。
他就这样抚摸起来了。
小狗被摸得很舒服。
小狗被抚摸得很舒服。
这种东西摸不得。
这种东西抚摸不得。
他们能把彼此的全身摸遍。
他们能把彼此的全身抚摸遍。

不过，如果结果补语后还有宾语，则动词多用"摸"，如：
But if there is object after the result complement, generally 摸 will be used.

他摸准了孩子痒的地方。
你已经摸脏很多衣服了。
孩子摸破了一本书。
别摸坏了别人的东西。

（5）"抚摸"可以直接用作某些双音节名词的定语修饰语，但是"摸"一般不能这样用。如：

抚摸 can be used as attribute modifier for some disyllabic nouns, but 摸 generally cannot be used in this way.

这种抚摸方式不太好。
请注意抚摸方法。
你的抚摸姿势不对。

（6）"摸"可以重叠，而"抚摸"则一般不能这样用：
摸 can be used in reduplicated form, but 抚摸 generally cannot.

我想摸一摸它。
他摸了摸我的头发。

自测练习：用"摸"或者"抚摸"填空。

Exercise: Please fill in the blanks with 摸 or 抚摸.

1. 妈妈喜欢____孩子的脸儿。

2. 在别人家里，不要随便____东西。

3. 我____你的手冷不冷。

4. 我想____ ____你的头发。

5. 他从小王身边经过的时候，飞快地____了她一下。

6. 别____黑了我的白衣服。

7. 他被____得笑个不停。

8. 这东西太可爱了，我想____一下，行吗？

参考答案 (Answers)：1．摸／抚摸；2．摸；3．摸；　　4．摸，摸；
　　　　　　　　　　5．摸；　　6．摸；7．摸／抚摸；8．摸／抚摸

P

怕₂ & 害怕₂

词语释义 (Explanation of Words)

怕 pà

（1）害怕；畏惧 (fear; be afraid of)：怕老师｜怕打｜怕背课文

（2）表示担心，疑虑；表示估计 (worry; for fear that; be afraid of)：怕他太累｜这个包怕有 10 斤重

害怕 hàipà

遇到困难、危险等而心中不安或发慌 (be afraid; be scared)：害怕老师｜害怕挨骂

词语辨析 (Analysis)

"怕"至少有以上两个常用义，其中第一个意义与"害怕"义同。

怕 has at least two common meanings as above, among which only the first one is the same as 害怕.

"怕"用作第一个义项时，与"害怕"在用法上的异同主要有：

When 怕 is used in the first meaning, the similarities and differences in usages between 怕 and 害怕 can be expressed as followings:

（1）二者都可以带名词性宾语、动词性宾语、小句宾语，如：

Both 怕 and 害怕 can carry nominal object, verbal object, clause object.

我们都怕她的同学。
我们都害怕她的同学。
我怕失去他。
我害怕失去他。

她怕别人说自己笨。
她害怕别人说自己笨。

不过，单音节宾语前，多用"怕"，如：
But if the object is monosyllabic, it is more popular to use 怕 than 害怕.

我怕狗。
她怕血。
小张怕疼。
孩子怕热不怕冷。

（2）二者都可以接趋向补语、程度补语、状态补语、结果补语，如：
Both 怕 and 害怕 can carry directional complement, degree complement, state complement, result complement.

想着想着心里就怕起来。
想着想着心里就害怕起来。
我怕极了。
我害怕极了。
她怕得发抖。
她害怕得发抖。
你怎么怕成那样了？
你怎么害怕成那样了？

（3）"怕"可用作其他动词的结果补语，"害怕"则一般不能，如：
怕 can be used as the result complement, but 害怕 generally cannot.

她被打怕了。
孩子摔跤摔怕了。
我吃这种东西吃怕了。
她输怕了。
我被骗怕了。
她把很多人都骂怕了。

（4）"害怕"可以用作状语，而"怕"则一般不能这样用。如：
害怕 can be used as adverbial modifier, but 怕 generally cannot be used in this way.

她十分害怕地问："打死人了吗？"

孩子害怕地看着我。

我害怕地跟在爸爸身后。

（5）"怕"可用作词素，如"可怕""只怕""生怕""哪怕"：

怕 can be used as morpheme to build other words, such as 可怕，只怕，生怕，哪怕，and so on.

那个人太可怕了！

只怕你不愿意。

男朋友生怕我变心。

我很希望放假，哪怕一天也好。

自测练习：用"怕"或者"害怕"填空。

Exercise: Please fill in the blanks with 怕 or 害怕.

1. 我们都____他的同学。
2. 每个人都____被打。
3. 她最____晚上一个人呆在家里。
4. 他很____事。
5. 我看你____得很。
6. 我饿____了。
7. 她擦干眼泪，____地望着丈夫。
8. 车祸太可____了！

参考答案 (Answers)：1. 怕 / 害怕；2. 怕 / 害怕；3. 怕 / 害怕；4. 怕；
5. 怕 / 害怕；6. 怕；　　7. 害怕；　　8. 怕

陪乙 & 陪同丙

词语释义 (Explanation of Words)

陪 péi

陪伴，伴随 (accompany; keep company)：陪客人｜陪朋友看电影｜陪弟弟看书

陪同 péitóng

陪伴着一同做某事 (accompany; keep company with)：陪同访问｜陪同前往国外

词语辨析 (Analysis)

"陪"与"陪同"的意义基本相同,二者在用法上的异同主要有:

The meaning of 陪 is basically the same as 陪同. The similarities and differences in their usages can be expressed as followings:

(1) 二者都可用于"陪(同)某人做某事"句式,如:

Both 陪 and 陪同 can be used in pattern *陪(同)* sb. do sth..

他陪客人在院子里聊天儿。
他陪同客人在院子里聊天儿。
妈妈陪孩子去参加比赛。
妈妈陪同孩子去参加比赛。

不过,如果是非正规场合的活动,多用"陪",如:

But if it is informal situation, generally 陪 will be used.

昨天男朋友陪我逛街了。
你能不能陪我去书店?
我陪你看书吧。

名词性宾语前,一般用"陪",如:

Nominal object will generally follow 陪.

我愿意天天陪你。
今天就陪孩子一天。
他今天陪了三杯酒。

如果宾语是动词性成分,则单音节宾语前用"陪",双或多音节宾语前用"陪同",如:

If the object is verbal word or verbal phrase, monosyllable will follow 陪, disyllabic and multisyllabic object will follow 陪同.

我不想陪坐。
现在不许陪葬了。
有些人可以陪吃陪喝。
陪同接见的人都笑了。
他是陪同视察的。
学校安排我陪同解释。

有六个人陪同参观。

（2）"陪"后可接"在＋处所词语"，表示"陪"的位置；而"陪同"则一般不能。如：

The pattern 在＋location words can follow 陪, but generally cannot follow 陪同.

她希望天天陪在孩子身边。
你不用陪在这儿。

（3）二者都可接助词"着"后再带名词性宾语，如：

Both pattern of 陪＋着 and 陪同＋着 can carry nominal object.

无论到哪儿，他身边总是陪着几个美女。
无论到哪儿，他身边总是陪同着几个美女。
我会像影子一样陪着你。
我会像影子一样陪同着你。

但是，"陪着"后还可接动词，用作该动词的状语，如：

But 陪着 can also be used before verb, to be the adverbial modifier.

我陪着坐了很久。
她陪着哭了起来。
不能让弟弟陪着跑步。

（4）"陪"可重叠，"陪同"则一般不能。如：

陪 can be used in reduplicated form, but 陪同 generally cannot.

你进去陪陪她吧。
你不能久留，但陪一陪的时间总该有吧?

（5）"陪同"可以说"由……陪同""在……的陪同下"，"陪"则不能这样用。如：

陪同 can be used in the pattern of 由……陪同 and 在……的陪同下, but 陪 cannot be used in this way.

他这次由儿子陪同去北京。
他们在警察的陪同下来到了学校。

（6）二者都可直接用作定语，不过，"陪"一般用作单音节名词的定语，"陪同"一般用作双音节名词的定语，如：

147

Both 陪 and 陪同 can be used as attribute modifier, but generally 陪 will be used for the monosyllabic noun, and 陪同 will for the disyllabic noun.

我只是一个陪客。
医院需要陪床的我。
陪同人员说不知道。

（7）"陪"可用作单音节动词的宾语，"陪同"则不能这样用。如：

陪 can be used as object of monosyllabic verb, but 陪同 cannot be used in this way.

老人突然起身告辞："我失陪一下"。
有我们作陪，你还怕什么？

自测练习：用"陪"或者"陪同"填空。

Exercise: Please fill in the blanks with 陪 or 陪同.

1. 妈妈想去北京＿＿＿女儿。
2. 麦克的妻子来中国＿＿＿读。
3. 所有这些家具都给你＿＿＿嫁过去。
4. 这次有十位领导＿＿＿出访。
5. 你总＿＿＿在我旁边干什么？
6. 你应该多＿＿＿＿＿＿女朋友。
7. 在父母的＿＿＿下，孩子们玩儿得很开心。
8. 领导们来到学校后，由我＿＿＿参观校园。
9. 如果你同意的话，我来＿＿＿你住一阵子。
10. 我正在＿＿＿他去迎接新娘。

参考答案 (Answers)：1. 陪；　　2. 陪；　　3. 陪；　4. 陪同；
　　　　　　　　　　5. 陪；　　6. 陪；陪；7. 陪同；8. 陪同；
　　　　　　　　　　9. 陪 / 陪同；10. 陪 / 陪同

赔_乙 & 赔偿_丙

词语释义 (Explanation of Words)

赔 péi

（1）补上自己给别人造成的损失 (compensate)：赔钱｜赔我书｜赔饭馆一个碗

（2）做生意损失本钱（跟"赚"相反）[lose (in business)]：赔本儿｜最近他做生意总是赔钱儿

赔偿 péicháng

补偿给别人造成的经济损失 (compensate; pay for)：赔偿损失费｜赔偿他的财产损失

词语辨析 (Analysis)

"赔"至少有以上两个常用义，其中第一个意义与"赔偿"义基本相同。

赔 has at least two common meanings as above, among which only the first one is basically the same as 赔偿.

"赔"用作第一个义项时，与"赔偿"在用法上的差异主要有：

When 赔 is used in the first meaning, the similarities and differences in usages between 赔偿 and 赔 can be expressed as followings:

（1）二者都可以带名词性宾语、双宾语，如：

Both 赔 and 赔偿 can carry nominal object, and double object.

他要老夫妇赔五十元的搬家费。
他要老夫妇赔偿五十元的搬家费。
保险公司应该赔我。
保险公司应该赔偿我。
我答应赔他五万元。
我答应赔偿他五万元。

不过，人称代词以外的单音节宾语前，一般用"赔"，如：

But monosyllabic object other than person pronoun, generally will follow 赔.

我们今天都倒霉，你们赔钱我赔船。
他要我赔车。

如果宾语是"钱"以外的事物名词，则动词多用"赔"，如：

If the object refers to something exception money, generally 赔 will be used.

你得赔自行车。

我赔了两个碗儿。

他们赔了我一辆车。

（2）如果宾语与言语有关，则动词只能用"赔"，如：

If the object refers to something related to words, 赔 should be used.

我不停地给她赔不是。

你应该去赔罪。

他赔了无数好话，她还是不能原谅他。

（3）二者都可以接趋向补语、可能补语、结果补语"完"，如：

Both 赔 and 赔偿 can carry directional complement, potential complement, result complement 完.

所有的钱都赔进去了。

所有的钱都赔偿进去了。

这么贵的东西我们赔不起。

我么贵的东西我们赔偿不起。

这起交通事故都已经赔完了吗？

这起交通事故都已经赔偿完了吗？

不过，除了"完"以外的结果补语前，多用"赔"，如：

But besides 完, other result complement will follow 赔.

他赌博赌得连衣服都赔上了。

我的钱赔光了。

家里都赔空了。

他这次赔惨了。

（4）"赔偿"可直接用作定语修饰语（不需要助词"的"），但是"赔"一般不能这样用。如：

赔偿 can be used as attribute modifier without the help of particle 的.

你得付给她赔偿费。

这应该是谁的赔偿责任？

他的赔偿态度不好。

（5）"赔偿"前可加定语修饰语，"赔"一般不能。如：
Attribute modifier can be used before 赔偿, but generally cannot before 赔.

这是你应该付出的赔偿。
我们应该得到怎样的赔偿？
她要多少赔偿？
他没有给我任何赔偿。

自测练习：用"赔"或者"赔偿"填空。
Exercise: Please fill in the blanks with 赔 or 赔偿.

1. 你撞坏了他的车子，应该____他。
2. 他不愿意____碗。
3. 你得____我的电脑。
4. 我去跟她____礼道歉。
5. 他们家都____空了。
6. 他把整个公司都____进去了。
7. 领导们在商量____问题。
8. 这不能用钱的____来解决。

参考答案 (Answers)：1. 赔/赔偿；2. 赔；　　3. 赔；　4. 赔；
　　　　　　　　　　5. 赔；　6. 赔/赔偿；7. 赔偿；8. 赔偿

骗₂ & 欺骗₂

词语释义 (Explanation of Words)

骗 piàn
用谎言或诡计使人上当；欺骗 (deceive; fool; cheat)：骗人 | 骗钱 | 骗他出来

欺骗 qīpiàn
用虚假的言语或行动来掩盖事实真相，使人上当 (deceive; cheat)：欺骗别人

词语辨析 (Analysis)

"骗"与"欺骗"的意义基本相同,二者在用法上的异同主要有:

The meaning of 骗 is basically the same as 欺骗. The similarities and differences in their usages can be expressed as followings:

(1) 二者都可以带名词性宾语,如:

Both 骗 and 欺骗 can carry nominal object.

他总是骗别人。

他总是欺骗别人。

我们没有骗她。

我们没有欺骗她。

不过,人称代词以外的单音节宾语前多用"骗",如:

But besides person pronoun, other monosyllabic object will follow 骗.

他总是骗人。

他是为了骗钱。

你敢骗婚?

他有时候去别人家里骗吃骗喝。

如果宾语是表示事物的名词性词语,则动词多用"骗",如:

If the object refers to something, generally 骗 will be used.

她被男朋友骗了一辆车子。

我骗了十块钱。

小句宾语前,多用"骗",如:

If the object is a clause, generally 骗 will be used.

我终于骗他跟我离婚了。

有人想骗我同情他。

双宾语前,多用"骗",如:

Double object generally will follow 骗.

他骗了老师十块钱。

我骗你什么啦?

他骗服务员钥匙。

(2)"骗"可后接处所词语,"欺骗"则一般不能。如:

骗 can be used before location words, but 欺骗 generally cannot.

你把我骗到公园来干什么?
我想把他骗到国外去。

(3)"骗"后可接结果补语、状态补语、表示本义的趋向补语,而"欺骗"则一般不能这样用。如:

骗 can carry result complement, state complement, directional complement in original meaning, but generally 欺骗 cannot be used in this way.

他骗走了别人家的女儿。
一切都被他们骗没了。
她被骗得好苦!
那个人用冰激凌把孩子骗进了理发店。
你们能保证把他骗出来吗?

不过,引申意义的趋向补语、可能补语前,用"骗"和"欺骗"都可以,如:

But the potential complement, and the directional complement in extended meaning, can follow both 骗 and 欺骗.

谁也不想这么一直骗下去。
谁也不想一直这么欺骗下去。
你骗得了别人骗不了我。
你欺骗得了别人欺骗不了我。

(4)"骗"可重叠,而"欺骗"则一般不能这样用。如:

骗 can be used in reduplicated form, but 欺骗 generally cannot.

有时候丈夫会骗骗她。
你去骗骗那个女人。

(5)"欺骗"可直接用作定语修饰语。如:

欺骗 can be used attribute modifier without the help of particle 的.

这次活动带有很大的欺骗性。
他的欺骗手段并不高明。

(6)"骗"可用作词素,如"骗子""骗局""诈骗""蒙骗"等。如:

骗 can be used as morpheme to build other words, such as 骗子, 骗局, 诈骗, 蒙骗, etc.

你就是一个**骗**子。

这是一个**骗**局。

他经常诈**骗**别人的钱。

你蒙**骗**谁啊？

自测练习：用"骗"或者"欺骗"填空。

Exercise: Please fill in the blanks with 骗 or 欺骗.

1. 请你不要总是____我们。
2. 你是想____我的自行车吧？
3. 他又____了我一千块钱。
4. 那个男人想____我跟他一起去。
5. 他____起人来，没有人不相信。
6. 希望你能把他____回来。
7. 那位小姐想把我____到上海去。
8. 没有人____得了我。

参考答案 (Answers)：1. 骗 / 欺骗；2. 骗；3. 骗；4. 骗；

5. 骗 / 欺骗；6. 骗；7. 骗；8. 骗 / 欺骗

Q

抢ᵧ & 抢劫ᵧ

词语释义 (Explanation of Words)

抢 qiǎng

（1）用暴力把别人的东西夺过来 (snatch; take by force; rob)：抢钱｜抢球｜抢东西｜抢戒指｜抢银行

（2）抢先；争先 (vie with each other to be the first)：抢话｜抢占座位｜抢得第一名

（3）赶紧；突击 (rush)：抢修｜抢救｜抢建房子

抢劫 qiǎngjié

用暴力把别人的东西夺过来 (rob; plunder)：抢劫银行｜抢劫出租车｜抢劫美女

词语辨析 (Analysis)

"抢"至少有以上三个常用义，其中第一个意义与"抢劫"义同。

抢 has at least three common meanings as above, among which only the first one is the same as 抢劫 .

"抢"用作第一个义项时，与"抢劫"在用法上的异同主要有：

When 抢 is used in the first meaning, the similarities and differences in usages between 抢劫 and 抢 can be expressed as followings:

（1）除了人称代词宾语外，其他单音节宾语前，一般用"抢"，如：

Except the person pronoun, other monosyllabic object will generally follow 抢 .

他们在路上抢人又抢钱。

有人想抢车。

双宾语前，多用"抢"，如：

Double object generally will follow 抢.

他们抢我钱包。

不要抢孩子东西。

有人抢她戒指。

（2）宾语是人时，动词用"抢"和"抢劫"意义不一样："抢某人"是把某人夺过来，而"抢劫"某人是把某人身上的东西抢过来。如：

If the object refers to a person, the meaning of pattern 抢 + object differs from 抢劫 + object: the former means to take the person away, but the latter means to take money or something from the person by force.

有人想抢她。（意思是有人想要她这个人）

有人想抢劫她。（意思是有人想要她的钱和物）

小偷在抢孩子。（意思是小偷想把孩子抢去）

小偷在抢劫孩子。（意思是小偷想把孩子身上的东西抢去）

（3）宾语是事物时，如果这个事物只是一个物体，则一般用"抢"；如果这个事物既可作物体又可作处所，且作物体时可以被搬动带走，则用"抢"时可能有两个意思：一是施事想要这个物体，二是施事想要这个物体里面的钱物；而用"抢劫"时则只有第二个意思。如：

If the object refers to something, generally 抢 will be used; if the object refers to both something and location which is movable, the pattern 抢 + object possibly has two meanings: one is to take the object away, another is to take money and other things from the object.

他们计划明天去抢一台电脑。

他们想抢出租车。（意思一：他们想得到出租车；意思二：他们想要司机的钱物）

他们想抢劫出租车。（他们想得到出租车司机的钱物）

（4）二者都可后接处所词语，如：

Both 抢 and 抢劫 can carry location word.

有人抢银行。

有人抢劫银行。

但是，如果处所在动词前面，则一般用"抢劫"。如：

But if the location is before the verb, generally the verb should be 抢劫.

一名强盗走进银行抢劫。
4名男子在一辆广州开往上海的大客车上抢劫。
有人在商店抢劫。

但是,"被"字句和"把"字句例外:既可用"抢"也可用"抢劫":
But *bei-* sentence and *ba-* sentence are excluded.

这家银行被抢了。
这家银行被抢劫了。
他们把三家商场都抢完了。
他们把三空商场都抢劫完了。

(5)"离开""消失"义的补语,其前面的动词只能用"抢",不能用"抢劫"。如:
If the complement means away or disappearance, 抢 should be used.

小偷抢走了我的钱包。
他把麦克的东西抢去了。
那本书又让他抢过去了。

(6)"抢劫"可直接用作定语,"抢"则一般不能。如:
抢劫 can be used as attribute modifier without the particle 的, but 抢 generally cannot be used in this way.

这是一起抢劫案件。
抢劫者从后门跑了。
这儿发生过很多抢劫事件。

(7)"抢劫"可用作双音节动词的宾语,如:
抢劫 can be used as object of disyllabic verb.

这家旅馆遭到了抢劫。
他们都参加了抢劫。
不要进行抢劫。

另外,还有些对举的用法,如单音节动词对举:"没偷没抢""不抢不杀";双音节动词的习惯用语:"持枪抢劫""拦路抢劫""行凶抢劫"等。

Besides, there are some idioms for 抢 and 抢劫, such as 没偷没抢, 不抢不杀; 持

枪抢劫，拦路抢劫，行凶抢劫 , and so on.

自测练习：用"抢"或者"抢劫"填空。

Exercise: Please fill in the blanks with 抢 or 抢劫 .

1. 你们不要____小孩儿。
2. 有人____钱了！
3. 我不跟你____桌子。
4. 不要____我项链。
5. 谁都不敢____公安局。
6. 有一伙男人在他家____！
7. 有人____跑了我的自行车。
8. 小偷____走了我的背包。
9. 他是一个____犯。
10. 他家遭受____了。

参考答案 (Answers)：1．抢 / 抢劫；2．抢；3．抢；4．抢； 5．抢 / 抢劫；
6．抢劫； 7．抢；8．抢；9．抢劫；10．抢劫

请甲 & 请求乙

词语释义 (Explanation of Words)

请 qǐng

（1）请求 (request; ask for; send for)：请假｜请医生｜请她帮忙｜请老师来辅导

（2）邀请；招待 (invite)：请客｜请他吃饭｜请朋友来参加生日晚会

（3）敬辞，用于希望对方做某事 [(polite form of request) please]：请进｜请看｜请喝茶

请求 qǐngqiú

说明要求，希望得到满足 (request; ask for)：请求帮助｜请求指示｜请求原谅

词语辨析 (Analysis)

"请"至少有以上三个常用义，其中第一个意义与"请求"义同。

请 has at least three common meanings as above, among which only the first one is the same as 请求.

"请"用作第一个义项时,与"请求"在用法上的异同主要有:

When 请 is used in the first meaning, the similarities and differences in usages between 请求 and 请 can be expressed as followings:

(1) 二者都可以带指人的宾语,但是意思可能不一样:"请某人"一般指请某人来;"请求某人"一般是指请某人帮忙。如:

Both 请 and 请求 can carry object referring to person, but the meaning of pattern *请* + *object* differs from *请求* + *object*: the former means to ask somebody to come, and the latter means to ask somebody for help.

她决定亲自去请那师傅。(义为:想请师傅来这儿)
她决定亲自去请求医生。(义为:请求医生帮忙)
我不想去请她。(义为:请她来)
我不想去请求她。(义为:请求她帮忙做某事)

其他的名词性宾语前,多用"请求",如:
Other nominal object will follow 请求.

他向老师请求一点小事。
你不用请求什么。
他在向领导请求任务。
我在请求她的原谅。

人称代词以外的单音节宾语前,只能用"请",如:
Besides person pronoun, other monosyllabic object should follow 请.

我想请假。
妈妈不想请人。

(2) 二者都可带小句宾语,如:
Both 请 and 请求 can carry clause object.

我请你对她好点儿。
我请求你对她好点儿。
我请你们让他安静一会儿。
我请求你们让他安静一会儿。

她请我先听她说完。
她请求我先听她说完。

但是，动词性宾语前面，如果主语是施事，则动词一般得用"请求"，不用"请"。如：

But if the subject is the agent of the verbal object, generally 请求 will be used.

我请求马上离开这儿。
他请求换工作。
玛丽请求明天再扫地。
我请求看她的影集，她不肯。

如果主语不是宾语所表示动作行为的施事，则用"请""请求"皆可，如：

If the subject is not the agent of the verbal object, both 请 and 请求 can be used as the predicate.

他请给他几分钟的时间。
他请求给他几分钟的时间。
玛丽请帮她一个忙。
玛丽请求帮她一个忙。

（3）如果说的话就是"请求"的内容，则在叙述部分用"请求"。如：

If the sentence is just what the subject request, generally 请求 will be used as the predicate.

"再给我一天……"她哭着请求。
"跟我去吃饭，好吗？"她轻声地请求。
"别干了，好吗？"他请求我。

（4）"请"可接补语，"请求"一般不能。如：

请 can carry complement, 请求 generally cannot.

妈妈请来了医生。
他把师傅请到家里来了。
麦克被请回来了。

（5）"请求"可用作状语，"请"则一般不能。如：

请求 can be used as adverbial modifier, generally 请 cannot.

她请求地望着我。

他请求地说:"给我一支烟。"

(6) "请求"前可加定语修饰语,"请"则一般不能。如:

Attribute modifier can be used before 请求, but generally cannot before 请.

我拒绝了他的请求。

她有两个请求。

另外,"请求"还可以说"在……的请求下":

In addition, 请求 can be used in the pattern 在 *sb.* 的请求下.

在我的请求下,他来到了武汉。

在同学们的请求下,老师把这个语法又讲了一遍。

自测练习:用"请"或者"请求"填空。

Exercise: Please fill in the blanks with 请 or 请求.

1. 我明天去____她。

2. 我想去____他的帮助。

3. 玛丽今天____假了。

4. 他____我陪他去银行。

5. "借给我10块钱,好吗?"她小声地____。

6. 他____地问道:"这能给我吗?"

7. 在我的一再____下,妈妈终于来了。

8. 她____去北京。

9. 你能答应我的____吗?

10. 我们把老师____进来了。

参考答案 (Answers):1.请/请求; 2.请求;3.请; 4.请/请求;
5.请求; 6.请求;7.请求;8.请求;
9.请求; 10.请

求₂ & 请求₂

词语释义 (Explanation of Words)

求 qiú

（1）请求 (beg; request ; ask)：求人｜求你办一件事

（2）追求；探求；寻求（strive for; try to obtain）：求学｜求进步｜求自由

请求 qǐngqiú

说明要求，希望得到满足 (request; ask)：请求领导｜请求批准｜请求原谅

词语辨析 (Analysis)

"求"至少有以上两个常用义，其中第一个意义与"请求"义同。

求 has at least two common meanings as above, among which only the first one is the same as 请求.

"求"用作第一个义项时，与"请求"在用法上的异同主要有：

When 求 is used in the first meaning, the similarities and differences in usages between 请求 and 求 can be expressed as followings:

（1）二者都可以带指人的名词性宾语、小句宾语等，如：

Both 求 and 请求 can carry nominal object referring to person, and object acted by a clause.

我们不用求他们。
我们不用请求他们。
我明天去求领导。
我明天去请求领导。
她求医院给病房铺一块地毯。
她请求医院给病房铺一块地毯。

但是，如果宾语是单音节词（人称代词除外），多用"求"，如：

But besides person pronoun, monosyllabic object generally will follow 求.

我不想求人。
他在向那个书法家求字。
有人求见。
他们是来求救的。
那位姑娘扶着一位求医的老爷爷走进来。

双音节的非指人宾语和多音节的名词性宾语前，多用"请求"，如：
Disyllabic object referring to non-person, and multisyllabic nominal object, generally will follow 请求.

我明天去请求任务。
他在信中请求她的原谅。
我去领导办公室请求一件事。

双音节或多音节的动词性宾语前，多用"请求"，如：
Disyllabic and multisyllabic verbal object generally will follow 请求.

有人请求见面。
他们来请求帮助。
她向单位写信请求结婚。
他被包围起来请求签名。
我请求给我一个学习的机会。

（2）二者都可接趋向补语，如：
Both 求 and 请求 can carry directional complement.

我怎么求起他来了？
你怎么请求起他来了？

不过，结果补语、可能补语前，多用"求"，如：
But result complement and potential complement generally will follow 求.

你求对人了。
我跟他不熟，不一定求得动他。
这种人求不得。

（3）"请求"可用作状语，"求"则一般不能，如：
请求 can be used as adverbial modifier, but 求 generally cannot.

她请求地望着我。
我请求地拉着他的手。

（4）"请求"前可加定语修饰语，而"求"则一般不能，如：
Attribute modifier can be used before 请求, but generally cannot be before 求.

我有一个请求。

她答应了我的请求。

领导同意了我的辞职请求。

（5）"求"往往可重叠，"请求"则一般不能。如：

求 can be used in reduplicated form, but 请求 generally cannot.

求求你，收下她吧！

你可以去求求领导。

（6）"求"可以用作词素，如"央求""征求""追求""要求""恳求""苛求""乞求"。

求 can be used as morpheme to build other words, such as 央求, 征求, 追求, 要求, 恳求, 苛求, 乞求, etc.

奶奶央求别人帮她修鞋子。

我想征求一下大家的意见。

他在追求一个姑娘。

老师要求我们上课不迟到。

他恳求我不要跟他分手。

不要苛求别人。

孩子乞求地看着妈妈。

自测练习： 用"求"或者"请求"填空。

Exercise: Please fill in the blanks with 求 or 请求.

1. 这件事不用____她。

2. 我们____老师再给我们几分钟时间。

3. 他向我____情。

4. 你可以____她的原谅。

5. 他向医院写信____治疗。

6. 我们____不动他。

7. 这种____不能答应。

8. 我们去____ ____领导吧。

参考答案 (Answers)： 1．求/请求；2．求/请求；3．求； 4．请求； 5．请求； 6．求； 7．请求；8．求，求

R

忍乙 & 忍耐丙

词语释义 (Explanation of Words)

忍 rěn

忍耐；忍受 (bear; endure)：忍着眼泪｜忍着病痛继续工作｜一直忍到现在

忍耐 rěnnài

把痛苦的感觉或情绪控制住，不使表现出来 (bear; endure)：忍耐寂寞｜忍耐疼痛

词语辨析 (Analysis)

"忍"与"忍耐"的意思基本相同，用法上的异同主要有：

The meaning of 忍 is identical with 忍耐, the similarities and differences in their usages can be expressed as followings:

（1）二者都可带人称代词宾语，如：

Both 忍 and 忍耐 can carry object acted by person pronoun.

我忍她很久了。

我忍耐她很久了。

但是，除人称代词宾语外，其他单音节宾语前用"忍"，如：

But besides person pronoun, other monosyllabic object will follow 忍.

她忍辱活到了现在。

它忍痛往前爬。

双音节或多音节的宾语，如果是努力不让身体里面的某种东西出来，则用"忍"，如：

If the disyllabic or multisyllabic object refers to something inside one's body, generally

165

忍 will be used.

孩子已经知道忍小便了。
你知道怎么忍眼泪吗?
我忍了一口气,继续往前走。
我忍住笑继续往下看。

双音节或多音节的宾语,如果是身体上的感受或外界的东西,则多用"忍耐",如:
If the disyllabic or multisyllabic object refers to some kind of feeling or something outside one's body, generally 忍耐 will be used.

我已经学会了忍耐寂寞。
她强自忍耐伤口的疼痛。
他不能忍耐别人的嘲笑。

但是,如果动词后有助词"着",则用"忍""忍耐"都可以,如:
But if followed by particle 着, both 忍 and 忍耐 can be used.

我应该忍着寂寞。
我应该忍耐着寂寞。
我忍着剧烈的疼痛,继续学习。
我忍耐着剧烈的疼痛,继续学习。

(2)"忍"的否定式可带动词性宾语,但是"忍耐"一般不能这样用。如:
The negative form of 忍 can carry verbal object, but 忍耐 generally cannot.

我不忍丢弃这些东西。
人们都低下了头,不忍再看。
妈妈不忍打断孩子的好梦。
我不忍看着你痛苦。

(3)二者都可以接可能补语、状态补语、引申义的趋向补语、结果补语"住",如:
Both 忍 and 忍耐 can carry potential complement, state complement, directional complement in extended meaning, result complement 住.

人们忍不住笑起来。
他再也忍耐不住寂寞,就找朋友聊天儿去了。
我忍得很辛苦。

我忍耐得很辛苦。
你得忍下去。
你得忍耐下去。
你要忍住疼痛。
你要忍耐住疼痛。

"住"以外的结果补语前、作本义用的趋向补语前,多用"忍",如:

But besides 住, other result complement, and directional complement in original meaning, generally will follow 忍.

我忍够你了。
我的心都忍痛了。
我忍她忍烦了。
她把泪水忍回去了。

(4)"忍耐"可用作状语,"忍"一般不能,如:

忍耐 can be used as adverbial modifier, but generally 忍 cannot.

我们忍耐地听着他那无聊的讲话。
她忍耐地继续等着。

(5)"忍耐"可直接用作定语,"忍"则一般不能,如:

忍耐 can be used as attribute modifier without the help of particle 的, but generally 忍 cannot be used in this way.

每个人都有一定的忍耐力。
怎么练习孩子的忍耐性?
多一份忍耐心,就多一份和谐。

另外,"忍"还有一些习用语,如:"惨不忍睹""忍气吞声""忍饥挨饿""忍俊不禁""忍无可忍"等。

In addition, 忍 can be used in some idioms, such as 惨不忍睹, 忍气吞声, 忍饥挨饿, 忍俊不禁, 忍无可忍, etc.

自测练习:用"忍"或者"忍耐"填空。

Exercise: Please fill in the blanks with 忍 or 忍耐.

1. 我要____你到什么时候?

2. 孩子知道____尿了。

3. 我再也不能____这种痛苦的日子了。

4. 我____了一句话，不知道能不能说。

5. 他强____下了这口气。

6. 他不____看着我痛苦。

7. 我们____地等了一天又一天。

8. 他有很强的____力。

参考答案 (Answers)：1. 忍 / 忍耐；2. 忍；3. 忍耐；4. 忍；
5. 忍； 6. 忍；7. 忍耐；8. 忍耐

忍乙 & 忍受丙

词语释义 (Explanation of Words)

忍 rěn

忍耐；忍受 (bear; endure)：忍着眼泪｜忍着病痛继续工作｜一直忍到现在

忍受 rěnshòu

把痛苦、困难、不幸的遭遇等勉强承受下来（bear; endure; stand）：不能忍受别人的嘲笑｜忍受着病痛的折磨

词语辨析 (Analysis)

"忍"与"忍受"的词典释义基本相同，一般辞书里的英文翻译也基本相同。其实二者在语义上稍有差异："忍"侧重于"控制"，而"忍受"则侧重于"勉强接受"。所以，当语境需要表达"控制着某样东西，不让其从身体里出来"之类意义时，得用"忍"；如果需要表达"不想这样，但又不得不勉强接受"义时，就得用"忍受"。

The explanations of 忍 and 忍受 in dictionaries are almost the same, and the English translations for them are almost the same too. But in fact, there is a little difference between them: 忍 emphasizes on the meaning of control, but 忍受 emphasize on the meaning of accept reluctantly.

二者在用法上的异同主要有：

The similarities and differences in their usages can be expressed as followings:

（1）二者都可以接人称代词宾语，如：

Both 忍 and 忍受 can carry object acted by person pronoun.

我还能忍她多久？
我还能忍受她多久？

除人称代词宾语外，其他单音节宾语前，多用"忍"，如：

Monosyllabic object other than person pronoun, generally will follow 忍.

她忍辱活到了现在。
它忍痛继续往前走。
我忍饿学到现在。

双音节或多音节宾语前，多用"忍受"。如：

Object acted by disyllabic or multisyllabic words, generally will follow 忍受.

我已经学会了忍受寂寞。
他不能忍受别人的取笑。
我无法忍受这种天气。

但是，如果动词后有"着"等助词，或者带有结果补语"住"，则用"忍"或"忍受"都可以。

But if followed by particle 着, or result complement 住, both 忍 and 忍受 can be used.

他忍着一肚子的火儿。
我天天忍受着妈妈的唠叨。
她强行忍住眼泪。
她忍受住了寂寞。

（2）"忍"的否定形式"不忍"，有"舍不得"的意思；但是"忍受"的否定形式一般只能说"不能忍受""无法忍受"，含有"不能容忍和接受"的意思。如：

The negative form of 忍 is 不忍, which means hate to part with or hate to stop doing something. But the negative form of 忍受 is not 不忍受, but usually will be 不能忍受, or 无法忍受, which means cannot bear and have to accept.

我不忍丢弃这些东西。
妈妈不忍打断孩子的好梦。

我不能忍受她的坏脾气。

她不能忍受这种委屈。

（3）二者都可以接结果补语、可能补语、引申义的趋向补语，如：

Both 忍 and 忍受 can carry result complement, potential complement, directional complement in extended meaning.

我这样忍惯了。

我这样忍受惯了。

我忍得住笑。

一些女孩子忍受不住孤独。

你必须忍下去。

你必须忍受下去。

但是本义的趋向补语前，得用"忍"，如：

But the directional complement in original meaning will follow 忍.

爸爸很生气了，我不得不把很多话忍回去。

我把眼泪又忍下去了。

自测练习：用"忍"或者"忍受"填空。

Exercise: Please fill in the blanks with 忍 or 忍受.

1．我____痛把东西吃下去了。

2．我还要____她多久？

3．我强____着心里的火，继续帮他干活儿。

4．她____住眼泪，继续低头吃饭。

5．她无法____丈夫天天出去打麻将。

6．我不能____这种天气。

7．我把想说的几句话又____回去了。

8．这种女人我实在____不下去了。

参考答案 (Answers)：1．忍； 2．忍/忍受；3．忍； 4．忍；
　　　　　　　　　　5．忍受；6．忍受； 7．忍；8．忍/忍受

S

伤_乙 & 伤害_丙

词语释义 (Explanation of Words)

伤 shāng

（1）伤害 (injure; wound; hurt)：伤神｜伤身体｜伤了元气｜伤别人的自尊心

（2）悲伤 (be distressed)：伤心｜忧伤｜哀伤｜伤感

伤害 shānghài

使人、生物以及人的思想感情、自尊心、积极性等受到伤害 (injure; hurt; harm)：伤害身体｜伤害自尊心｜不要伤害她

词语辨析 (Analysis)

"伤"至少有以上两个常用义，其中第一个意义与"伤害"义同。

伤 has at least two common meanings as above, among which only the first one is the same as 伤害.

"伤"用作第一个义项时，与"伤害"在用法上的异同主要有：

When 伤 is used in the first meaning, the similarities and differences in usages between 伤 and 伤害 can be expressed as followings:

（1）二者都可以带人称代词宾语，如：

Both 伤 and 伤害 can carry object acted by person pronoun.

我不忍心伤你。

我不忍心伤害你。

你为什么伤他们？

你为什么伤害他们？

171

除人称代词宾语外,其他单音节宾语前用"伤",如:
Besides person pronoun, other monosyllabic object generally will follow 伤.

他说出来的话很伤人。
这是一件伤神的事儿。

如果宾语表示人体的一部分,则动词用"伤",如:
If the object refers to parts of one's body, 伤 should be used.

他伤了我的腿。
朋友出车祸,伤了头部。
孩子,你伤哪儿了?

(2)二者都可以接程度补语、可能补语、结果补语"到",如:
Both 伤 and 伤害 can carry degree complement, potential complement, result complement 到.

我被他伤透了。
我被他伤害透了。
没想到这件事将她伤得这么深。
没想到这件事将她伤害得这么深。
你伤不了我。
你伤害不了我。
伤到骨头了。
这样肯定会伤害到内脏。

但是,如果程度补语后还有宾语,则只能用"伤",如:
But if there is object after the degree complement, 伤 will be used.

她伤透了心。
我伤透了脑筋。

"到"以外的其他结果补语前,一般用"伤",如:
Besides 到, other result complement generally will follow 伤.

有没有伤着眼睛?
这件事让我伤痛了心。
她伤错对象了。

（3）"伤"可用作结果补语，"伤害"则不能，如：
伤 can be used as a result complement, but 伤害 generally cannot.

我被他打伤了。
有人爬山时摔伤了。
她的手烫伤了。
不要砍伤了孩子。

（4）"伤"可不带助词"的"直接用作另一单音节名词的定语修饰语，如：
Without the help of particle 的, 伤 can be used as attribute modifier for some monosyllabic nouns, but 伤害 generally cannot.

伤口慢慢愈合了。
这是一匹伤马。
伤员都在休息。

（5）"伤"和"伤害"都能用作宾语，不过单音节动词的宾语多用"伤"，双音节动词的宾语多用"伤害"。如：
Both 伤 and 伤害 can be used as object, but generally 伤 should follow the monosyllabic verb, and 伤害 will follow the disyllabic verb.

我没有受伤。
你好好养伤吧。
我没有受到伤害。
不要对老人加以伤害。

（6）"伤"和"伤害"用作名词时意义不同："伤"一般指身体上受到的损害，而"伤害"则一般指精神上的损害。如：
Both 伤 and 伤害 can be used as noun, but the meaning is different: as a noun, 伤 generally refers to physical wound, and 伤害 refers to mental injury.

他脸上的伤全好了。
腿上的伤还很疼。
这件事对我的伤害最严重。
失恋给人造成的伤害是无法想象的。

自测练习：用"伤"或者"伤害"填空。

Exercise: Please fill in the blanks with 伤 or 伤害.

1．她说话最____人了。
2．昨天的车祸____到了很多人。
3．这件事____着(zháo)我们了。
4．小偷拿出刀刺____了她。
5．他的脚扭____了。
6．____员被送到了医院。
7．他的手受____了。
8．因为害怕____而不敢一个人出门。
9．我的____还没好。
10．你对我的____太大了。

参考答案 (Answers)：1．伤；2．伤/伤害；3．伤；　4．伤；5．伤；
　　　　　　　　　　　6．伤；7．伤；　　8．伤害；9．伤；10．伤害

胜乙 & 胜利甲

词语释义 (Explanation of Words)

胜 shèng

（1）胜利；打败（别人）（win; defeat）：我们胜了｜武汉队胜上海队

（2）比另一个优越（后面常常带"于""过"等）（be superior to; surpass）：事实胜于雄辩｜我能胜过你

胜利 shènglì

打败斗争或竞赛中的对方（win; succeed; victory）：我们胜利了｜终于取得了胜利

词语辨析 (Analysis)

"胜"至少有以上两个常用义，其中第一个意义与"胜利"义同。

胜 has at least two common meanings as above, among which only the first one is the same as 胜利.

"胜"用作第一个义项时，与"胜利"在用法上的异同主要有：

When 胜 is used in the first meaning, the similarities and differences in usages between

胜 and 胜利 can be expressed as followings:

（1）"胜"可带少量宾语，而"胜利"则不能。如：

胜 can carry a few objects, but 胜利 cannot carry any object.

中国队胜日本队。
他们告到法院，胜诉了。
我们一定要以少胜多。

（2）"胜"能用作补语，"胜利"不能。如：

胜 can be used as complement, but generally 胜利 cannot be used in this way.

我一定能战胜你。
他的意志战胜了死神。
谁打胜了？

（3）"胜"和"胜利"都可用作另一动词的宾语，不过"胜"一般用作单音节动词的宾语，"胜利"一般用作双音节动词的宾语。如：

Both 胜 and 胜利 can be used as object, but generally, 胜 will follow monosyllabic verb, and 胜利 will follow disyllabic verb.

你要多留神，少争胜。
我们不能求胜心切。
有你们的支持，我们一定能赢得胜利。
大家都很高兴，准备迎接胜利。

（4）"胜"和"胜利"都可不带助词"的"而直接用作定语，不过"胜"一般用作单音节名词的定语，"胜利"一般用作双音节名词的定语。如：

Both 胜 and 胜利 can be used as attribute modifier without the help of particle 的, but generally 胜 will be used before the monosyllabic noun, and 胜利 will be used before the disyllabic noun.

我们打了一个胜仗。
我们等着你的胜利消息。
他把胜利果实分给我们每一个人。

不过，"者"前可用"胜"也可用"胜利"。如：

But 者 can follow both 胜 and 胜利.

谁赢了，谁就是胜者。

她是一个胜利者。

如果充当定语时，有助词"的"，则得用"胜利"。如：
If followed by the particle 的, generally 胜利 will be used.

她脸上露出了胜利的微笑。

这是一次胜利的大会。

（5）"胜利"前可加定语修饰语，"胜"一般不能。如：
Attribute modifier can be used before 胜利, but cannot be before 胜.

每个人都希望看到自己的胜利。

发财也是一种胜利。

这是一次巨大的胜利。

我们一定要赢得最后的胜利。

（6）"胜"可接补语，"胜利"一般不能。如：
胜 can carry complement, but 胜利 generally cannot.

我们胜得了他们吗？

与他们踢足球，十场能胜上一场就不错了。

这次我们胜定了。

（7）"胜利"可用作状语，而"胜"则一般不能。如：
胜利 can be used as adverbial modifier, but 胜 generally cannot.

热烈祝贺第十九届运动会在我校胜利召开！

她胜利地笑了。

我们胜利地举起了旗子。

自测练习：用"胜"或者"胜利"填空。

Exercise: Please fill in the blanks with 胜 or 胜利.

1. 下一次比赛，我们队一定要____他们队。

2. 这一次，谁获____了？

3. 他们取得了____。

4. 谁是____者并不重要，重要的是我们都尽力了。

5. 我们终于等来了____的消息。
6. 这只是一次小小的____。
7. 他们____不了我们。
8. 希望你们能再次赢得____。
9. 她____地笑了。
10. 我们又____了。

参考答案 (Answers)：1. 胜； 2. 胜；3. 胜利；4. 胜 / 胜利；5. 胜利；
6. 胜利；7. 胜；8. 胜利；9. 胜利； 10. 胜 / 胜利

剩甲 & 剩余丙

词语释义 (Explanation of Words)

剩 shèng

剩余 (be left over; leave as a remainder)：剩半碗米饭｜剩一块钱｜屋里就剩我和她

剩余 shèngyú

余留下来 (be left over; leave as a remainder)：还剩余 100 块钱｜剩余多少

词语辨析 (Analysis)

"剩"与"剩余"意义完全相同，用法上的异同主要有：

The meaning of 剩 is identical with 剩余, the similarities and differences in their usages can be expressed as followings:

（1）二者都可带数量（名）宾语，如：

Both 剩 and 剩余 can carry object acted by *numeral ＋ quantifier* pattern.

我口袋里还剩 5 毛钱。
我口袋里还剩余 5 毛钱。
公司里还剩 20 辆车。
公司里还剩余 20 辆车。

"剩"还可带其他名词性宾语和动词性宾语，但是"剩余"一般不能。如：

剩 can also carry other object, but 剩余 generally cannot.

机器全拆了，就剩空壳。

她瘦得只剩骨头了。

两位老人都消了气，只剩了难过。

家里人都出去了，只剩了她和看门人在家。

（2）二者都可接趋向补语，如：

Both 剩 and 剩余 can carry directional complement.

我愿意把剩下来的钱分给你们。

我愿意把剩余下来的钱分给你们。

但是，结果补语、状态补语、可能补语前，多用"剩"，如：

But result complement, state complement, and potential complement, generally will follow 剩.

你剩多了。

这菜剩得太难看了。

你放心，我能吃完，剩不了。

这么贵的东西剩不得。

（3）二者都可直接用作名词的定语修饰语（不带助词"的"）。但是如果是抽象名词，则前面一般用"剩余"。如：

Both 剩 and 剩余 can be used as attribute modifier without the help of particle 的, but abstract noun generally will follow 剩余.

我们还有剩余经费1万元。

村里没有剩余劳动力了。

剩余部分都给你。

如果中心语是具体名词，且具体指代余留的东西，那么动词得用"剩"。如：

The concrete noun, which refers to the leftover, generally will follow 剩.

碗里还有半碗剩饭。

他喝了一瓶汽水，又吃了半碗剩面条儿。

我不吃剩馒头。

这么多剩菜怎么办？

（4）"剩"可用作结果补语，"剩余"则一般不能。如：

剩 can be used as result complement, but 剩余 generally cannot.

他把吃剩的爪子扔到桌子上。

这是我喝剩的啤酒。

这些都是烧剩的东西。

每个月用剩的工资交给谁？

（5）"剩余"前面可加定语修饰语，可用作宾语，如：

剩余 can be used after attribute modifier, and can be used as object.

除了交房租、水电费，这个月我们还有 400 多块的剩余。

如果稿费有剩余，能不能请我喝酒？

你还有多少剩余？

自测练习：用"剩"或者"剩余"填空。

Exercise: Please fill in the blanks with 剩 or 剩余.

1. 还____8 块钱。
2. 她把衣服脱得只____了短裤。
3. 突然间感觉我的世界什么也没有了，只____了流泪。
4. 你可不能____我一个人在这儿。
5. 他给我端来半碗____饭。
6. 这堂课的____时间就完成一个任务。
7. 电脑硬盘已经没有____空间了。
8. 你用____的洗发精能不能给我一点儿？
9. 不要把吃____的东西给别人。
10. 卧铺早就卖完了，仅坐票还有____。

参考答案 (Answers)：1．剩 / 剩余； 2．剩； 3．剩；4．剩；5．剩；
　　　　　　　　　　　6．剩余； 7．剩余；8．剩余；9．剩；10．剩余

睡甲 & 睡觉甲

词语释义 (Explanation of Words)

睡 shuì

睡觉 (go to bed; sleep)：这屋子能睡20个孩子｜你睡这张床｜我睡上铺

睡觉 shuìjiào

进入睡眠状态（go to bed; fall asleep; sleep）：该睡觉了｜10点睡觉｜上课总想睡觉

词语辨析 (Analysis)

"睡"与"睡觉"意义完全相同。二者在用法上的异同主要有：
The meaning of 睡 is identical with 睡觉, the similarities and differences in their usages can be expressed as followings:

（1）"睡"可带宾语，而"睡觉"则不能。如：
睡 can carry object, but 睡觉 cannot carry any object.

这张床能睡四个人。
地上睡了一个孩子。
那张床有三个多月没有睡人了。

（2）"睡"后面可接处所词语，而且介词"在"可省略；"睡觉"则不能。如：
Location word can follow 睡, but cannot follow 睡觉. The preposition 在 after 睡 can be omitted.

你睡（在）这儿干什么？
他看见她睡（在）床上。
昨天晚上他睡（在）车站里。
我睡（在）下铺，妹妹睡（在）上铺。

但是，处所词一般只能出现在"睡觉"的前面。如以上"睡"的用例换成"睡觉"只能这样说：
The location word can only used before 睡觉.

你在这儿睡觉干什么？
他看见她在床上睡觉。
他昨晚在车站里睡觉。
我在下铺睡觉，妹妹在上铺睡觉。

(3) "睡"可接补语，"睡觉"则一般不能。如：
睡 can carry complement, 睡觉 generally cannot.

周末我能睡到早上8点钟。
我们要让孩子睡足。
他已经睡够了。
你到底睡着了没有？
他刚刚睡下我就走了。
这几天孩子一直睡不安稳。

(4) "睡"和"睡觉"前都可加状语修饰语，如果修饰语是单音节词，则一般用"睡"；如果是多音节修饰语，则可用"睡"，也可用"睡觉"。如：
Both 睡 and 睡觉 can follow adverbial modifier. But if it is monosyllabic, generally 睡 will be used; if it is multisyllabic, both 睡 and 睡觉 can be used.

她经常等儿子熟睡之后又起来工作。
考完试后，我大睡了两天。
孩子安睡在妈妈的怀里。
今晚应该早早睡觉。
我们不能坐着睡。
我们不能坐着睡觉。
我就这样糊里糊涂地睡了。
我就这样糊里糊涂地睡觉了。

(5) "睡"可用作单音节事物名词的定语，"睡觉"则不能。如：
睡 can be used as attribute modifier for monosyllabic noun, but 睡觉 cannot.

她在家里总是穿着睡衣。
这是她的睡房。
我在睡梦里跑步。

(6) 补语可位于"睡"后，却只能位于"睡觉"中间。如：
Complement can be used after 睡, but can only be located between 睡 and 觉.

喝了酒睡不着。
喝了酒睡不着觉。
他昨晚睡了八个小时。

他昨晚睡了八个小时（的）觉。

我今天上课睡了一次。

我今天上课睡了一次觉。

表示次数的动量补语，也可不需要量词而直接将数词插入"睡觉"中间，如：

Sometimes, the pattern of *睡* + *numeral* + *觉* will be used to express the frequency of 睡觉.

我今天上课睡了一觉。

很想好好地睡两觉。

自测练习：用"睡"或者"睡觉"填空。

Exercise: Please fill in the blanks with 睡 or 睡觉.

1. 你家里能____几个人？

2. 今晚你就____这张床吧。

3. 他不想____在沙发上。

4. 你____床上，我____地上。

5. 晚上9点以后我就____了。

6. 我____惯了硬床。

7. 你别____错了地方。

8. 他夜里____得很沉。

9. 早____早起身体好。

10. 最喜欢看她的____态。

11. 来中国以后，他总是____不着。

12. 他不愿意在大床上____。

参考答案 (Answers)：1．睡； 2．睡； 3．睡； 4．睡；睡； 5．睡/睡觉；
6．睡； 7．睡； 8．睡； 9．睡； 10．睡；
11．睡； 12．睡/睡觉

死甲 & 死亡乙

词语释义 (Explanation of Words)

死 sǐ

（生物）失去生命 (die)：死了很多人｜他爷爷死了｜池塘里的鱼都死了

死亡 sǐwáng

失去生命，不继续存在 (die)：他害怕在睡眠中突然死亡｜一人当场死亡

词语辨析 (Analysis)

"死"与"死亡"意义完全相同。二者在用法上的异同主要有：

The meaning of 死 is identical with 死亡, the similarities and differences in their usages can be expressed as followings:

（1）"死"可带宾语，而"死亡"则一般不能。如：

死 can carry object, but 死亡 generally cannot.

他家里死人了。
这次事故死了三个人。
孩子刚死了妈妈。

（2）"死"后面可接处所词语；"死亡"则不能。如：

Location word can follow 死, but cannot follow 死亡.

听说他死在山上。
鱼都死在水里了。

（3）"死"可接补语，"死亡"则一般不能。如：

死 can carry complement, but 死亡 generally cannot.

我不知道在他死去的时候，有没有想到我。
这么多鱼都死掉了。
你死不得。
他一时半会儿死不了。
那个老人死得很惨。

（4）"死"可用作补语，"死亡"则不能。如：

死 can be used as complement, but 死亡 generally cannot.

穿这么少的衣服会冻死的。

你准备让狗饿死吗?

孩子是被打死的。

有两个孩子不小心掉进水里淹死了。

（5）"死"和"死亡"都可无须助词"的"而直接用作定语，不过"死"一般用作具体事物名词的定语，"死亡"则一般用作抽象名词的定语。如：

Both 死 and 死亡 can be used as attribute modifier without the help of particle 的, but generally 死 will be for concrete noun, and 死亡 will be for abstract noun.

这里有一个死人。

这是一只死苍蝇。

护士翻开死亡记录本。

我们应该提高医疗技术，减少死亡率。

他在死亡线上挣扎了很长时间。

（6）"死"和"死亡"都可用作宾语，不过，"死"一般用作单音节动词的宾语，"死亡"一般用作双音节动词的宾语。如：

Both 死 and 死亡 can be used as object, but generally 死 will follow monosyllabic verb, and 死亡 will follow disyllabic verb.

我们不能就这样等死。

你找死啊?

他在寻找死亡。

我们不能这样等待死亡。

（7）"死"和"死亡"前面都可加状语修饰语，但是如果修饰语是单音节词，则一般用"死"。如：

Both 死 and 死亡 can follow adverbial modifier, but if the adverbial modifier is monosyllabic, generally 死 will be used.

他奶奶早死了。

他爷爷刚死。

如果修饰语是双或多音节词，则用"死""死亡"都可以。如：

If the adverbial modifier is disyllabic or multisyllabic word, both 死 and 死亡 can be used.

那些小树差不多全部死了。

那些小树差不多全部死亡了。

（8）在陈述句中，如果动词后面没有宾语，则"死"后一般要加助词"了"，"死亡"则没有这个限制。如：

In declarative sentence, if there is no object, generally 死 should be followed by the particle 了，but 死亡 has no limit to this.

在这场事故中，有三个人当场死了。

在这场事故中，有三个人当场死亡（了）。

我害怕在睡梦中突然死了。

我害怕在睡梦中突然死亡。

（9）"死"可直接用作状语，但是"死亡"一般不能这样用。如：

死 can be used as adverbial modifier without the help of particle 地，but 死亡 generally cannot be used in this way.

她死盯着我。

她把我死抓住不放。

你死咬着不松口就可以了。

自测练习：用"死"或者"死亡"填空。

Exercise: Please fill in the blanks with 死 or 死亡.

1. 听说这次空难____人了。
2. 他爷爷____在飞机上。
3. 敌人都____光了。
4. 我不想让你____得很难看。
5. 他从9楼掉下来摔____了。
6. 这儿有一只____蝴蝶。
7. 这个城市的____率在下降。
8. 他们不小心走进了____地带。
9. 那他不是白____了？
10. 地震中有很多人____了。

参考答案 (Answers)：1. 死；2. 死；　3. 死；　4. 死；5. 死；
　　　　　　　　　　6. 死；7. 死亡；8. 死亡；9. 死；10. 死 / 死亡

算甲 & 计算乙

词语释义 (Explanation of Words)

算 suàn

（1）计算数目 (calculate; do sums)：算账｜算数学题｜算算需要多少钱

（2）计算进去 (include)：算我，一共十个人｜算上这件，我一共有九件毛衣

（3）推测 (guess; suppose; think)：我算他今天会来｜算命

（4）认作；当作 (be considered as)：今天算我请客｜今天不算太冷｜他算好学生

（5）算数，承认有效力 (count; hold true; be taken seriously)：盖章才算有效｜他说话不算数

（6）作罢，不再计较 (forget it; leave it at that; drop it)：算了，不说了｜给你的钱就算了，我不要了

计算 jìsuàn

根据已知数目通过数学方法求得未知数 (calculate; reckon)：计算时间｜计算器

词语辨析 (Analysis)

"算"的常用义至少有以上六个，其中只有第一个意义与"计算"义同。

算 has at least six common meanings as above, among which only the first one is the same as 计算.

"算"用作第一个义项时，与"计算"在用法上的异同主要有：

When 算 is used in the first meaning, the similarities and differences in usages between 算 and 计算 can be expressed as followings:

（1）二者都可带名词性宾语、动词性宾语和小句宾语，如：

Both 算 and 计算 can carry nominal object, verbal object, and object acted by a clause.

他在算时间。

他在计算时间。

你算一下一共需要多少钱？

你计算一下一共需要多少钱？

我们在算他们来中国多长时间了。

我们在计算他们来中国多长时间了。

不过，如果宾语是单音节词，则一般用"算"。如：

But the monosyllabic object generally will follow 算.

你要跟我算钱吗?
我准备明天去公司算账。

(2) 二者都可接趋向补语、状态补语、结果补语"好",如:
Both 算 and 计算 can carry directional complement, state complement, and result complement 好.

股票价格是怎么算出来的?
股票价格是怎么计算出来的?
我算得很准确。
我计算得很准确。
他心中已经算好了。
他心中已经计算好了。

不过,如果补语后再带宾语,则动词多用"算",如:
But if there is object after the complement, generally 算 will be used.

你算对了几个题?
我算准了时间来的。
你算清楚到底多少钱没有?
我们算完账了。

(3) "计算"前可加定语修饰语,但是"算"一般不能。如:
Attribute modifier can be used before 计算, but generally cannot before 算.

他的计算比得上任何一个数学家。
她们打扰了我的计算,令我非常不耐烦。

(4) "计算"可直接用作定语修饰语,但是"算"一般不能。如:
计算 can be used as attribute modifier without the help of particle 的, but generally 算 cannot.

他手里拿着一个计算器。
我们曾经一直制作计算尺。
这是一种非常复杂的计算方式。
他的计算速度很快。

不过"计算方法"可以缩略为"算法"。如:

But 计算方法 can be abbreviated to 算法.

这种计算方法很好。

这种算法很好。

自测练习：用"算"或者"计算"填空。

Exercise: Please fill in the blanks with 算 or 计算.

1. 孩子最喜欢____数学题。
2. 你____一下还有多少天就要放假了。
3. 我想_____他比我大多少岁。
4. 你不用跟我____钱了，这根本就不是钱的问题。
5. 我们还得做大量的____。
6. 有这种____方法吗？
7. 孩子的____速度比妈妈快。
8. 我____对了8个题。

参考答案 (Answers)：1．算／计算；2．算／计算；3．算，算；4．算；5．计算； 6．计算； 7．计算； 8．算

T

逃_乙 & 逃避_丙

词语释义 (Explanation of Words)

逃 táo

（1）逃跑；逃走 (flee; escape; run away)：逃命｜从监狱里逃出来｜逃到哪儿去呢

（2）逃避 (escape; evade; shirk)：逃课｜逃难｜像逃瘟疫一样躲开他

逃避 táobì

因不愿意或害怕而躲开不敢接触的人和事物 (escape; shirk; avoid)：逃避现实｜逃避责任｜逃避收费｜逃避查票

词语辨析 (Analysis)

"逃"至少有以上两个常用义，只有第二个意义与"逃避"义同。

逃 has at least two common meanings as above, but only the second one is the same as 逃避.

"逃"用作第二义项时，与"逃避"在用法上的异同主要有：

When 逃 is used in the second meaning, the similarities and differences in usages between 逃 and 逃避 can be expressed as followings:

（1）二者都可以带宾语，不过，单音节名词性宾语前（人称代词除外），用"逃"，如：

Both 逃 and 逃避 can carry object. But monosyllabic object, exception person pronoun, generally will follow 逃.

学生不能逃课。

坐车最好不要逃票。

他四处躲藏是为了逃债。
他是逃难的。

人称代词宾语前，得用"逃避"，如：
The object acted by person pronoun will follow 逃避.

你不用逃避她。
你在逃避谁？

双音节或多音节宾语前，多用"逃避"，如：
Disyllabic or multisyllabic object generally will follow 逃避.

人们站起来，像逃避瘟疫一样，迅速离开了那儿。
她离家出走的原因是为了逃避家庭暴力。
有些人总是逃避个人责任。
你不要再逃避现实了。
为了逃避收费，这辆车子专走小路。
为了逃避一次打骂，我改了成绩单。

（2）二者都可以接可能补语、趋向补语，如：
Both 逃 and 逃避 can carry potential complement, and directional complement.

你逃得了今天逃不了明天。
你逃避得了今天逃避不了明天。
上次考试，你逃过去了。
上次考试，你逃避过去了。

不过，结果补语前，多用"逃"，如：
But the result complement generally will follow 逃.

他逃课逃累了。
儿子逃离了父亲的手。

（3）"逃避"可直接用作定语修饰语（不用助词"的"），而"逃"则一般不能这样用。如：
逃避 can be used as attribute modifier without the help of particle 的, but generally 逃 cannot be used in this way.

我是一个逃避者。

这是一种不负责任的逃避行为。

我们有很多逃避办法。

（4）"逃避"前可加定语修饰语，"逃"则一般不能这样用。如：
Attribute modifier can be used before 逃避, but generally cannot before 逃.

这也是一种逃避。

这是心理的逃避。

自测练习：用"逃"或者"逃避"填空。

Exercise: Please fill in the blanks with 逃 or 逃避.

1．这孩子昨天____学了。
2．她一直在____我。
3．他总是____现实。
4．为了____严厉的惩罚，她今天装病不去了。
5．有些事情，我们____不掉。
6．这么多年，我们____累了。
7．我告诉你一个很好的____方法。
8．他们的____说明了什么？

参考答案 (Answers)：1．逃； 2．逃避；3．逃避；4．逃避；
5．逃/逃避；6．逃； 7．逃避；8．逃避

逃 & 逃跑

词语释义 (Explanation of Words)

逃 táo

（1）逃跑；逃走 (flee; escape; run away)：逃命｜从监狱里逃出来｜逃到哪儿去呢

（2）逃避 (escape; evade; shirk)：逃课｜逃难｜像逃瘟疫一样躲开他

逃跑 táopǎo

为躲避险境祸害而逃往他处 (flee; run away)：小偷逃跑了

词语辨析 (Analysis)

"逃"至少有以上两个常用义,其中第一个意义与"逃跑"义同。

逃 has at least two common meanings as above, among which only the first one is the same as 逃跑.

"逃"用作第一义项时,与"逃跑"在用法上的异同主要有:

When 逃 is used in the first meaning, the similarities and differences in usages between 逃 and 逃跑 can be expressed as followings:

(1) 二者都可以带施事宾语,如:

Both 逃 and 逃跑 can carry object referring to the agent.

监狱里逃了两个犯人。
监狱里逃跑了两个犯人。

不过,如果宾语表示动作行为的目的,则动词用"逃",如:

But if the object refers to the purpose of the action, 逃 will be used.

他逃命去了。
他们逃生似的冲了出去。
快点吧,这样才能逃个活命。

(2) 二者都可以接趋向补语、可能补语、程度补语、状态补语、结果补语"掉",如:

Both 逃 and 逃跑 can carry directional complement, potential complement, degree complement, state complement, result complement 掉.

这样逃下去,也不是个办法。
这样逃跑下去,也不是个办法。
你逃不了了。
你逃跑不了了。
他逃得太快了。
你逃跑得太快了。
敌人逃得没影子了。
敌人逃跑得没影子了。
他们已经逃掉了。
他们已经逃跑掉了。

不过,"掉"以外的其他结果补语前,多用"逃",如:
But besides 掉, other result complement generally will follow 逃.

他们终于逃累了。
那里的人都逃光了。
监狱里的犯人都逃干净了。
那个糊涂的人逃清醒了。

(3) 二者都可接处所词语,不过"逃"后介词"到"可省略;"逃跑"后则一般不能省略"到"。如:
Both 逃 and 逃跑 can be used before location word, but the preposition 到 after 逃 can be omitted, and cannot be omitted when it is after 逃跑.

她逃(到)哪儿去了?
他想逃(到)国外去。
他逃跑到哪儿去了?
他想逃跑到国外去。

(4) "逃"后可接介词"往""向"表示逃跑的方向,而"逃跑"则不能。如:
The preposition 往 and 向 can follow 逃, to refer to the direction of the action. But 逃跑 cannot be used in this way.

那群人立刻逃向另一个场地。
他想逃往北京。

(5) 二者都可不用助词"的"而直接用作定语,不过"逃"一般用作单音节名词的定语,"逃跑"则一般用作双音节名词的定语。如:
Both 逃 and 逃跑 can be used as attribute modifier without the help of particle 的, but generally the monosyllabic noun will follow 逃, and disyllabic noun will follow 逃跑.

你是个逃犯。
我们不能当逃兵。
他在逃跑途中被抓住了。
这是一起逃跑事故。

不过,"者"前用"逃""逃跑"都可以。
But 者 can follow both 逃 and 逃跑.

不再做逃者。

我是一个逃跑者。

（6）"逃跑"前可加定语修饰语，如：

Attribute modifier can be used before 逃跑, but generally cannot before 逃.

他们的逃跑是有计划的。

群众的逃跑说明管理有很大的问题。

附："逃跑"和"逃避"的差异：

PS: The differences between **逃跑** and **逃避**

"逃跑"和"逃避"用法上的根本区别在于带宾语方面：

The fundamental differences in usages between 逃跑 and 逃避 locate in the objects.

1. 二者虽然都能带指人的宾语，但是所带宾语的性质不同："逃跑"后面的宾语是施事，"逃避"后面的宾语是对象。如：

Both 逃跑 and 逃避 can carry object referring to person, but the object after 逃跑 refers to the agent, and the one after 逃避 just refers to the target.

这次逃跑了三个人。（"三个人"是"逃跑"的施事。）

他一直在逃避三个人。（"三个人"是"逃避"的对象。）

2. 除了指人的宾语以外，"逃避"还能带很多别的宾语（具体用例参见"逃 & 逃避"），而"逃跑"则不能。

Besides the object referring to person, 逃避 can also carry many other objects (See the examples for 逃 & 逃避), but 逃跑 cannot.

另外，"逃跑"还可说"在逃跑中"：

In addition, 逃跑 can be used in the pattern 在逃跑中：

在逃跑中，他遇到了另一个小偷。

他在逃跑中被人从后面开枪打死了。

自测练习：用"逃"或者"逃跑"填空。

Exercise: Please fill in the blanks with 逃 or 逃跑.

1. 监狱里____了一个犯人。

2. 敌人就要来了，快点去____个活命吧。

3. 他从火灾现场＿＿出来了。
4. 你准备＿＿到哪儿去？
5. 听说他老婆＿＿国外去了。
6. 人们从一个地方＿＿向另一个地方。
7. 我们不能当＿＿兵。
8. 在＿＿中，他们走散了。

参考答案 (Answers)：1. 逃 / 逃跑； 2. 逃； 3. 逃 / 逃跑； 4. 逃 / 逃跑；
5. 逃； 6. 逃； 7. 逃； 8. 逃跑

疼 甲 & 疼痛 丁

词语释义 (Explanation of Words)

疼 téng

（1）疾病、创伤等引起的难受的感觉 (ache; pain)：头疼｜脚疼｜胃疼

（2）心疼；疼爱 (love dearly; love ardently)：奶奶最疼孙子｜妈妈心疼孩子

疼痛 téngtòng

疾病、创伤等引起的难受的感觉 (ache; pain)：他觉得右手有些疼痛

词语辨析 (Analysis)

"疼"至少有以上两个常用义，其中第一个意义与"疼痛"义同。

疼 has at least two common meanings as above, among which only the first one is the same as 疼痛.

当"疼"用作第一个意义时，与"疼痛"在用法上的异同主要有：

When 疼 is used in the first meaning, the similarities and differences in usages between 疼 and 疼痛 can be expressed as followings:

（1）二者都可以接趋向补语、程度补语、状态补语，如：

Both 疼 and 疼痛 can carry directional complement, degree complement, state complement.

我的手又疼起来了。

我的手又疼痛起来了。

他的头疼得很厉害。
他的头疼痛得很厉害。
孩子疼得大哭。
孩子疼痛得大哭。

不过，结果补语前，多用"疼"，如：
But the result complement generally will follow 疼.

我疼晕了。
他疼弯了腰。
孩子疼哭了。
那个病人疼死了。

（2）"疼"可用作结果补语，而"疼痛"一般不能这样用。如：
疼 can be used as result complement, but generally 疼痛 cannot be used in this way.

你把我弄疼了。
我的手都拍疼了。
他一身冷汗，心脏都跳疼了。
他的脸被打疼了。

（3）二者前面都可以加状语修饰语，如：
Adverbial modifier can be used before both 疼 and 疼痛.

每走一步全身都剧烈地疼。
每走一步全身都剧烈地疼痛。
头还很疼。
头还很疼痛。

不过，描摹状态的单音节状语修饰语前，只能用"疼"，如：
But if the adverbial modifier is monosyllabic, and is to describe the state, only 疼 can be used.

眼睛整天酸疼。
突然觉得背上灼疼。
他醒来后觉得肩膀胀疼。

（4）"疼痛"加助词"地"后可用作状语，"疼"则一般不能。如：

疼痛 can be used as adverbial modifier, but 疼 generally cannot.

他疼痛地弯下了腰。

病人疼痛地缩成一团。

（5）二者都可以单独用作谓语，如：

Both 疼 and 疼痛 can be used as predicate independently.

我全身疼。

我全身疼痛。

不过，单音节主语后面，多用"疼"，如：

But if the subject is monosyllabic, generally 疼 will be used.

我头疼。

他手疼。

妈妈牙疼。

她腰疼一个星期了。

阳光刺得眼疼。

也可以这样说，如果是单独用作谓语，日常生活中，多用"疼"，如"头疼""手疼""肚子疼""嗓子疼""眼睛疼""牙疼""全身疼"，等等。

In other words, in daily life, 疼 will generally be used as predicate independently. Such as 头疼，手疼，肚子疼，嗓子疼，眼睛疼，牙疼，全身疼, and so on.

附："痛"的意义和用法

PS: The meanings and usages of 痛

痛 tòng

（1）疾病、创伤等引起的难受的感觉 (ache; pain)：头痛｜脚痛｜胃痛｜肚子痛

（2）悲伤 (sad; bitter)：悲痛｜沉痛｜哀痛

（3）尽情地；深切地；彻底地 (bitterly; thoroughly; severely)：痛打｜痛苦｜痛责

"痛"用作第一个义项时，与"疼"的意思基本相同，用法也基本相同：除了一些习用词（如"生疼""惨痛"等）外，其他情况下基本上都能够互换着用。以上"疼"词条第一个义项下用例中的"疼"几乎都可以换成"痛"，且意思完全不变。

痛 has at least three meanings as above, among which only the first one is the same as 疼. When 疼 is used in its first meaning, it almost can be substituted by 痛, exception a

197

few idioms, such as 生疼, 惨痛. etc.

自测练习：用"疼"或者"疼痛"填空。

Exercise: Please fill in the blanks with 疼 or 疼痛.

1. 我的牙又____起来了。
2. 她的胃____得睡不了觉。
3. 这个老人可能是____糊涂了。
4. 我的脚走____了。
5. 全身都____。
6. 这两天，我觉得眼睛有点儿胀____。
7. 孩子____地看着妈妈。
8. 不管我心里怎样____，他们都无所谓。

参考答案 (Answers)：1. 疼 / 疼痛；2. 疼 / 疼痛；3. 疼； 4. 疼；
5. 疼 / 疼痛；6. 疼； 7. 疼痛；8. 疼 / 疼痛

替₂ & 代替₂

词语释义 (Explanation of Words)

替 tì

代替 (take the place of; replace; substitute for)：我替他去 ｜ 没有人能替他

代替 dàitì

以甲换乙，起乙的作用 (take the place of; replace; substitute for)：钱不能代替一切 ｜ 我愿意代替你们

词语辨析 (Analysis)

"替"和"代替"的意义完全相同，在用法上的异同主要有：

The meaning of 替 is identical with 代替. The similarities and differences in their usages can be expressed as followings:

（1）如果宾语是指人的名词性词语，肯定句中，动词多用"替"，如：

If the object refers to a person, generally 替 will be used in positive sentence.

我过会儿再来替你。

你晚上再来替我。

我现在就去替嫂子。

否定句、疑问句中,动词用"替""代替"都可以,如:

Both 替 and 代替 can be used in negative sentence, and interrogative sentence.

我不能替你。

我不能代替你。

你能替你妈妈吗?

你能代替你妈妈吗?

如果宾语是表示事物或动作的词语,则前面的动词多用"代替",如:

If the object refers to something or action, generally 代替 will be used.

这种东西不能代替盐。

钱不能代替一切。

妈妈买了些花生回来代替早餐。

有许多动作可以代替说话。

小王拉他的手代替回答。

(2)二者都可以用作连动结构的第一个动词,如:

Both 替 and 代替 can be used as the first verb in *liandong* construction.

儿子经常替爸爸去开门。

儿子经常代替爸爸去开门。

妈妈替我回答了。

妈妈代替我回答了。

以上用例可概括成句式:"名词$_1$+动词$_1$+名词$_2$+动词$_2$",其中动词$_2$所表示的动作行为本应该由名词$_2$去完成,结果是名词$_1$"(代)替"名词$_2$完成了。

The above sentences can be expressed as pattern: person$_1$ + verb$_1$ + person$_2$ + verb$_2$, in which the second action should have been completed by the second person, but the first person did it for the second one.

如果动词$_2$所表示的动作本来就不能由名词$_2$完成,而只可能由名词$_1$帮名词$_2$完成,则这种句式中的动词$_1$只能用"替",如:

If it's impossible for the second person to complete the second action, instead, it can only be completed by the first person, generally 替 should be used as the first verb.

让医生替你治一治。

我替妈妈捶背。

(2) 二者都可以接可能补语、引申义的趋向补语，如：

Both 替 and 代替 can carry potential complement, directional complement in extended meaning.

你替不了我。

你代替不了我。

你怎么让他替起我来了？

你怎么让他代替起我来了？

不过，本义的趋向补语前，多用"替"，如：

But the directional complement in original meaning, generally will follow 替.

你去把他替下来。

把小李替下去。

(3) 在"被"字句中一般用"代替"。如：

In passive sentence, generally 代替 will be used.

他被别人代替了。

木桥已被水泥桥所代替。

(4) "代替"可直接用作某些名词的定语修饰语，但是"替"一般不能这样用。如：

代替 can be used as attribute modifier without the help of particle 的, but 替 generally cannot be used in this way.

这不过是个代替品。

请帮我找一个代替物。

这种用法中的"代替"也可说成"替代"。

(5) "替"可用作词素，如"替身""顶替""交替""接替""替换"。

替 can be used as morpheme to build other words, such as 替身，顶替，交替，接替，替换，and so on.

很多演员都会找一个替身去演武打动作。

他大学毕业后就顶替了爸爸的职位。

这两种东西可以交替作用。
这就是来接替你工作的人。
谁来替换我？

自测练习：用"替"或者"代替"填空。
Exercise: Please fill in the blanks with 替 or 代替.
1．妈妈还在上班，我等会儿就去____她。
2．谁也不能____我。
3．那个女孩儿用纸来____手帕。
4．多放点儿酱油可以____盐。
5．有时候可以用手势来____说话。
6．旅游____不了休息。
7．她想____妈妈去赚钱。
8．我的位置已经被他____了。

参考答案 (Answers)：1．替；　2．替／代替；3．代替；　　4．代替；
　　　　　　　　　　　5．代替；6．代替；　　7．替／代替；8．代替

挑乙 & 挑选丙

词语释义 (Explanation of Words)

挑 tiāo

（1）挑选 (choose; select; pick out)：在水果店里挑水果 | 他想挑个自己喜欢的专业

（2）挑剔 [try to find (fault with sb.)]：挑错儿 | 挑毛病 | 鸡蛋里挑骨头

挑选 tiāoxuǎn

从若干人或物中找出适合要求的 (choose; select)：挑选衣服 | 挑选演员 | 挑选最好的医生

词语辨析 (Analysis)

"挑"至少有以上两个常用义，其中第一个意义与"挑选"义同。

挑 has at least two common meanings as above, among which only the first one is the same as 挑选.

"挑"用作第一个义项时,与"挑选"在用法上的异同主要有:

When 挑 is used in the first meaning, the similarities and differences in usages between 挑 and 挑选 can be expressed as followings:

(1) 二者都可以带宾语,如:

Both 挑 and 挑选 can carry object.

她挑了一个好苹果。
她挑选了一个好苹果。
导演挑了两个年轻漂亮的姑娘。
导演挑选了两个年轻漂亮的姑娘。

不过,"挑选"的对象一般都是主语想要的(如以上用例);而"挑"的对象既可以是主语想要的(如以上用例),也可以是主语不想要的,如:

But the object of 挑选 is just what the subject wants (such as the above examples); but the object of 挑 can be something wanted by the subject (see the above examples), can also be something will be thrown away.

把篮子里的烂苹果挑出来。
妈妈在挑烂菜叶。

如果宾语是主语想要的,而且没有数量限制,则一般用"挑选",而不用"挑"。如:

If the object is something wanted by the subject, and there is no numeral+quantifier before the object, generally 挑选 will be used.

我们在挑选房子

(2) "挑"和"挑选"都可带"数量名"宾语,不过,数词"一"位于"挑"后时可省略,而位于"挑选"后时则一般不能省略。如:

Both 挑 and 挑选 can carry object acted by numeral + quantifier + noun pattern, but the numeral 一 after 挑 can be omitted, and cannot be omitted when after 挑选.

他挑了(一)件衣服就走了。
他挑选了一件衣服就走了。

(3) 二者都可以接趋向补语、状态补语、可能补语、结果补语"完""好",如:

Both 挑 and 挑选 can carry directional complement, state complement, potential complement, result complement 完 and 好.

我们从 30 个人中挑出了 3 个最优秀的。
我们从 30 个人中挑选出了 3 个最优秀的。
这些书你挑得很好。
这些书你挑选得很好。
我怎么也挑不到最好看的衣服。
我怎么也挑选不到最好看的衣服。
我挑完了。
我挑选完了。
衣服挑好了。
衣服挑选好了。

其他结果补语前，多用"挑"，如：
But besides 完 and 好, other result complement will follow 挑.

没想到她挑中了我。
好水果都被她挑尽了。
这么多款式，我都挑花眼了。
好的东西都被挑走了。

（4）"挑选"可直接用作定语（不用助词"的"），但是"挑"一般不能。如：
挑选 can be used as attribute modifier without the help of particle 的.

挑选过程很长。
顾客在购买食品时，有很大的挑选余地。
挑选方法很简单。

（5）"挑选"前可加定语修饰语，可用作双音节动词的宾语；但是"挑"一般不能前加定语修饰语，也不能用作其他动词的宾语。如：
挑选 can follow attribute modifier, and can be used as object. But 挑 neither can follow attribute modifier, nor be used as object.

经过认真反复的挑选，终于选出了三名选手去参加决赛。
我们应该对商品进行比较和挑选。

自测练习：用"挑"或者"挑选"填空。
Exercise: Please fill in the blanks with 挑 or 挑选.

1. 请帮我____一个手机。
2. 请把坏了的____出来扔掉。
3. 他们在____生活用品。
4. 请帮我____束鲜花。
5. 这样____下去，太浪费时间了。
6. 这次你____中什么东西了？
7. 我知道一些关于西瓜的____方法。
8. 经过严格的____，我被选去参加这次比赛。

参考答案 (Answers)：1．挑 / 挑选；2．挑；3．挑选；4．挑；
　　　　　　　　　　5．挑 / 挑选；6．挑；7．挑选；8．挑选

贴₂ & 粘贴

词语释义 (Explanation of Words)

贴 tiē
（1）把一个东西粘在另一个东西上 (paste; stick)：贴邮票｜贴标语｜贴喜字
（2）紧挨 (come close to; be near)：燕子贴着水面飞
（3）贴补 (give financial help to)：姐姐每个月贴我五十块钱

粘贴 zhāntiē
用黏性的东西使一个东西附着在另一个东西上 (paste; stick)：粘贴邮票

词语辨析 (Analysis)

"贴"至少有以上三个常用义，其中第一个意义与"粘贴"义同。
贴 has at least three common meanings as above, among which only the first one is the same as 粘贴．

"贴"用作第一个义项时，与"粘贴"在用法上的差异主要有：
When 贴 is used in the first meaning, the similarities and differences in usages between 贴 and 粘贴 can be expressed as followings:

（1）二者都可以带宾语，如：
Both 贴 and 粘贴 can carry object.

6. 我不想在中途____。
7. 请把你们的____时间告诉我。
8. 火车在武汉要____十分钟。

参考答案 (Answers)：1. 停 / 停留； 2. 停 / 停留； 3. 停； 4. 停 / 停留；
　　　　　　　　　　 5. 停； 6. 停留； 7. 停留； 8. 停 / 停留

停甲 & 停止乙

词语释义 (Explanation of Words)

停 tíng

（1）停止 (stop; halt; cease)：停水｜停电｜停机｜我的手表停了
（2）停留 (stay; stop over)：在北京停了三天｜在这个地方，她一分钟也不想多停

停止 tíngzhǐ

不再进行 (stop; halt)：停止训练｜停止哭泣｜停止讲课

词语辨析 (Analysis)

"停"至少有以上两个常用义，其中第一个意义与"停止"义同。

停 has at least two common meanings as above, among which only the first one is the same as 停止.

"停"用作第一个义项时，与"停止"在用法上的异同主要有：

When 停 is used in the first meaning, the similarities and differences in usages between 停 and 停止 can be expressed as followings:

（1）"停"和"停止"都可带宾语，如：

Both 停 and 停止 can carry object.

奶奶早已停了呼吸。
奶奶早已停止了呼吸。
他已经停写日记了。
他已经停止写日记了。

不过，在大多数情况下，单音节宾语前用"停"（不及物动词除外），双音节和多音节宾语前用"停止"，如：

But in most situations, monosyllabic object other than intransitive verb, will follow 停, other objects will follow 停止.

最近总是停电。
我们立即停车下去。
街上的公共汽车和电车都停开了。
他的心脏基本上停跳了。
妈妈一回来，孩子们便停止了争吵。
他终于停止了打哈欠。

如果名词性宾语的中心语是单音节词，则动词依然用"停"，如：
If the object is acted by a nominal phrase, in which the center word is monosyllabic, generally 停 will be used.

宿舍停了一天的电。
我家停了一个晚上的水。

如果宾语是单音节不及物动词，则多用"停止"，如：
If the object is acted by intransitive verb, generally 停止 will be used.

女人停止了哭。
我们停止了笑。
孩子们停止了跑。
他终于停止了咳。

（2）二者都可接可能补语、双音节趋向补语、结果补语"住"，如：
Both 停 and 停止 can carry potential complement, disyllabic directional complement, result complement 住.

这机器怎么停不了？
这机器怎么停止不了？
时间不可能停下来。
时间不可能停止下来。
孩子的哭声暂时停住了。
孩子的哭声暂时停止住了。

但是，单音节的趋向补语、状态补语、"住"以外的结果补语前，多用"停"，如：
But monosyllabic directional complement, state complement, result complement other

than 住, generally will follow 停.

怎么又停上电了？

他停下了脚步。

孩子的吵闹停得太好了。

车子还没有停好。

车子一停稳，我就跳了下去。

（3）二者都可接处所词语，不过"停"后的介词"在"可省略，而"停止"后的"在"则不能省略。如：

Both 停 and 停止 can be used before location words, but the preposition 在 after 停 can be omitted, and cannot be omitted when after 停止.

他停（在）那里，一动也不敢动。

他停止在那里，一动也不敢动。

（4）"停"的否定式可用作补语，"停止"则不能这样用。如：

The negative form of 停 can be used as complement, but the negative form of 停止 cannot be used in this way.

孩子哭个不停。

他问个不停。

（5）如果叙述的是自然现象，则动词谓语多用"停"，如：

If the sentence is to describe natural phenomenon, generally 停 will be used as the predicate.

风停了。

雨停了。

雪还没停。

自测练习：用"停"或者"停止"填空。

Exercise: Please fill in the blanks with 停 or 停止.

1. 所有的汽车都____开了。
2. 家里____了两个小时的水。
3. 师傅，请____车！
4. 看到有同学讲话，老师就____讲课。
5. 孩子终于____哭了。

211

6. 车子____不下来。

7. 请等车子____稳后再下。

8. 看看雨____了没有？

参考答案 (Answers)：1．停； 2．停； 3．停； 4．停止；
5．停止；6．停 / 停止；7．停；8．停

偷 乙 & 偷窃 丁

词语释义 (Explanation of Words)

偷 tōu

（1）私下里拿走别人的东西，据为己有 (steal)：偷钱｜偷书｜偷东西

（2）瞒着人 (secretly; stealthily)：偷吃｜偷拿学校的东西｜她偷看我的日记

偷窃 tōuqiè

偷取别人的东西，据为己有 (steal; rob)：偷窃现金｜偷窃自行车｜偷窃别人钱财

词语辨析 (Analysis)

"偷"至少有以上两个常用义，其中第一个意义与"偷窃"义同。

偷 has at least two common meanings as above, among which only the first one is the same as 偷窃.

"偷"用作第一个义项时，与"偷窃"在用法上的异同主要有：

When 偷 is used in the first meaning, the similarities and differences in usages between 偷 and 偷窃 can be expressed as followings:

（1）二者都可以带宾语，如：

Both 偷 and 偷窃 can carry object.

他偷了两瓶洗发水。

他偷窃了两瓶洗发水。

你不能偷自行车。

你不能偷窃自行车。

但是，单音节宾语前，一般用"偷"。如：

But the monosyllabic object generally will follow 偷.

他偷钱了。
有人在偷车!
有的人没钱买书时就偷书。

如果宾语是表示人的名词性词语,则动词用"偷",如:
If the object refers to person, generally 偷 will be used.

他从婴儿房里偷了一个孩子。
他想偷她的小孩!

(2) 二者都可以带"数+量+名"宾语,当数词是"一"时,在"偷"后可省去,在"偷窃"后则不能省略。如:
Both 偷 and 偷窃 can carry object acted by *numeral + quantifier + noun* construction, but the numeral 一 after 偷 can be omitted, and cannot be omitted when it is after 偷窃.

我想偷(一)本书看看。
孩子偷了(一)个苹果。
他在超市偷窃了一块面包。

(3) "偷""偷窃"都可接单音节趋向补语和结果补语"到",如:
Both 偷 and 偷窃 can carry monosyllabic directional complement, result complement 到.

他偷到了一辆自行车。
他偷窃到了一辆自行车。
他的自行车是偷来的。
他的自行车是偷窃来的。

(4) "把"字句和"被"字句中,多用"偷"。如:
Generally, 偷 can be used in ba- sentence and bei- sentence. But 偷窃 can seldom be used in this way.

有人把我的钱包偷走了。
孩子把鸡偷出来了。
她把妈妈的背包偷了过来。
我的钱包被偷了。
她梦见自己的衣服被偷光了。
我家都被偷穷了。
家里的现金都被偷没了。

（5）"偷窃"可直接用作定语（不用助词"的"），"偷"则不能。如：

偷窃 can be used as attribute modifier without the help of particle 的, but generally 偷 cannot be used in this way.

他是一个偷窃犯。
没人喜欢他的偷窃行为。
这里发生了一起偷窃案件。
警察在处理偷窃物。

（6）"偷窃"可用作双音节动词的宾语，而"偷"则一般不能用作宾语。如：

偷窃 can be used as the object, but generally 偷 cannot.

他总是利用周末晚上进行偷窃。

（7）"偷"可用作构成其他词语的词素，如"小偷""惯偷""偷鸡摸狗"。

偷 can be used as morpheme to build other words, such as 小偷, 惯偷, 偷鸡摸狗.

他是一个小偷。
这孩子不是惯偷。
他总是干些偷鸡摸狗的事儿。

自测练习：用"偷"或者"偷窃"填空。

Exercise: Please fill in the blanks with 偷 or 偷窃.

1. 有人怀疑他____了别人的钱财。
2. 我不想____书。
3. 我太渴了，就想____瓶水喝。
4. 他们家的孩子被____了。
5. 这些东西是他____来的。
6. 他把我家的很多东西都____出去了。
7. 家里的书都被____光了。
8. 晚上容易发生____事件。

参考答案 (Answers)：1. 偷 / 偷窃；2. 偷；3. 偷；4. 偷；
5. 偷 / 偷窃；6. 偷；7. 偷；8. 偷窃

W

完甲 & 完成甲

词语释义 (Explanation of Words)

完 wán

完成；完结 (finish; complete; end; use up)：完工了｜写完了｜做完了｜用完了

完成 wánchéng

按照预期的目的结束 (finish; complete; fulfil)：完成任务｜完成作业｜完成计划

词语辨析 (Analysis)

"完"与"完成"的意思基本相同，用法上的异同主要有：

The meaning of 完 is identical with 完成, the similarities and differences in their usages can be expressed as followings:

（1）"完"只能接少量单音节的宾语，"完成"一般只能接双音节或多音节的宾语。如：

Generally, 完 can only carry a few monosyllabic object, and 完成 can only carry disyllabic or multisyllabic object.

终于完工了。
这就算完事了？
我们完成任务了。
他们完成了结婚仪式。
我完成了三篇论文。

（2）"完"可用作另一动词的结果补语，"完成"则不能。如：

完 can be used as result complement, but generally 完成 cannot.

我吃完了。

215

钱用完了。
作业写完了。
电影看完了。
打完球再去银行。

（3）"完成"可接补语，"完"一般不能。如：
完成 can carry complement, but generally 完 cannot.

任务要完成好。
单位分给他的工作，他总是完成得非常出色。
我们班里每一个同学都完成得不错。
这个任务我完成不了。

（3）"完成"可用作定语，"完"单独不能用作定语。如：
完成 can be used as attribute modifier, but generally 完 cannot be used as attribute modifier independently.

他把完成的作业交给老师了。
她从包里取出事先完成的字画，贴在墙上。

"完"用作另一动词的补语后，才能与该动词一起用作定语。如：
But the construction *verb* ＋完 can be used as attribute modifier.

他把写完的作业交给老师。
她从包里取出画完的画儿，贴在墙上。

（4）"完成"前可有双音节或多音节的状语修饰语，"完"则一般不能。如：
Adverbial modifier can be used before 完成, but generally cannot before 完.

大家都在努力完成自己的任务。
他轻而易举地完成了各项计划。
结婚仪式全部按顺序完成了。

（5）"完成"后可接助词"了""着""过"；"完"只能接助词"了"，不能接助词"着"和"过"。如：
完成 can be followed by the particle 着, 了, and 过; but 完 can only be followed by the particle 了, and cannot by the particle 着, nor 过.

马上就完了。

马上就完成了。

有些人每天都在完成着同样的工作。

你完成过听力作业没有？

（6）当表示"一场活动结束"义时，得用"完"作谓语，如：

When the meaning of *the end of an activities* is needed, we should use 完 as the predicate.

"新闻联播"完了。

比赛完了。

我的发言完了。

自测练习：用"完"或者"完成"填空。

Exercise: Please fill in the blanks with 完 or 完成.

1．终于____稿了。

2．我已经____了任务。

3．水喝____了。

4．这项任务你____得太好了。

5．你____的作业呢？

6．这是我写____的作业。

7．他正在一步一步地____自己的计划。

8．这么快就____了？

9．她优美地____着每一个动作。

10．我____过三幅油画。

11．你的学习计划____了没有？

12．会议____了。

参考答案 (Answers)：1．完；2．完成；3．完；　　4．完成；5．完成；
　　　　　　　　　　　6．完；7．完成；8．完/完成；9．完成；10．完成；
　　　　　　　　　　　11．完/完成；　12．完

忘甲 & 忘记乙

词语释义 (Explanation of Words)

忘 wàng

忘记，不记得 (forget; don't remember)：忘了她｜忘带书了｜别忘了我是你爸爸

忘记 wàngjì

不记得 (forget; don't remember)：忘记一件事｜忘记带笔了｜忘记你是谁了

词语辨析 (Analysis)

"忘"和"忘记"的意义完全相同，用法上的异同主要有：

The meaning of 忘 is identical with 忘记. The similarities and differences in their usages can be expressed as followings:

（1）二者都可以带名词性宾语、动词性宾语和小句宾语，如：

Both 忘 and 忘记 can carry nominal object, verbal object, and object acted by a clause.

我想忘了她。
我想忘记她。
我忘了一件事儿。
我忘记了一件事儿。
今天上课我忘带笔了。
今天上课我忘记带笔了。
他忘了我是他女朋友。
他忘记了我是他女朋友。

不过，如果是还没有发生的事情，或者是经常发生的事情，用"忘"时，后面必须带助词"了"；用"忘记"时则可带可不带助词"了"，如：

But if the object refers to something didn't happen or something happened usually, 忘 should be used together with particle 了, and 忘记 has no limit to this.

有消息的话别忘了通知我。
有消息的话别忘记（了）通知我。
我们不要忘了他是我们的朋友。
我们不要忘记（了）他是我们的朋友。
她经常忘了自己的年龄。
她经常忘记（了）自己的年龄。

（2）表示动作对象所在位置的处所词语前，多用"忘"，如：
Location words generally will follow 忘.

糟啦，我把稿子忘（在）编辑部了。
把书包忘（在）学校里了。
早把我忘（到）一边了。
这件事我早忘（到）脑后去了。

（3）二者都可以接可能补语、状态补语、结果补语等，如：
Both 忘 and 忘记 can carry potential complement, state complement, and result complement.

这个人我忘不了。
这个人我忘记不了。
我把这件事忘得一干二净了。
我把这件事忘记得一干二净了。
英语基本上都忘光了。
英语基本上都忘记光了。

不过，如果结果补语后还有宾语，则多用"忘"，如：
But if there is object after the result complement, generally 忘 will be used.

我基本上忘光英语了。
她忘掉我了。

（4）二者都可用作结果补语，如：
Both 忘 and 忘记 can be used as result complement.

一切都让他跑忘了。
一切都让他跑忘记了。
密码我搞忘了。
密码我搞忘记了。

可是，如果结果补语后还有宾语，则多用"忘"，如：
But if there is object after the complement, generally 忘 will be used.

他跑忘了一切。
她忙忘了很多事情。

219

（5）"忘"能用作构成其他词语的词素，如"忘本""忘我""忘却""忘恩负义""忘乎所以"等。

忘 can be used as morpheme to build other words, such as 忘本，忘我，忘却，忘恩负义，忘乎所以, and so on.

每一个人都不能忘本。
他忘我地工作着。
她忘却了很多事情。
他是一个忘恩负义的家伙。
孩子一高兴就忘乎所以起来。

自测练习：用"忘"或者"忘记"填空。
Exercise: Please fill in the blanks with 忘 or 忘记.

1. 她已经____了那件事情。
2. 希望你回国以后不要____我们。
3. 他每天都____给我打电话。
4. 我把钱包____食堂里了。
5. 你是不是早把我____干净了？
6. 想彻底____掉一个人不太容易。
7. 你怎么把密码都搞____了？
8. 最近连续几天他都忙____了吃药。

参考答案 (Answers)：1. 忘 / 忘记；2. 忘记；3. 忘记； 4. 忘；
　　　　　　　　　　　5. 忘 / 忘记；6. 忘； 7. 忘 / 忘记；8. 忘

围ℤ & 围绕ℤ

词语释义 (Explanation of Words)

围 wéi

环绕；四周拦挡起来 (surround; around; encircle)：围攻｜围城｜围头巾｜围住老师

围绕 wéirào

环绕；包围 (around)：他的身边围绕了一群孩子｜村庄被高山围绕着

词语辨析 (Analysis)

"围"与"围绕"的意思基本相同,二者在用法上的异同主要有:

The meaning of 围 is basically the same as 围绕. The similarities and differences in their usages can be expressed as followings:

(1) 二者都可以接处所宾语和施事宾语,如:

Both 围 and 围绕 can carry object referring to location or agent.

孩子们围着房子转。
孩子们围绕着房子转。
她的身边围了一群男孩儿。
她的身边围绕了一群男孩儿。

但是,如果宾语表示动作行为的工具,则动词要用"围",如:

But if the object refers to tools of the action, generally 围 will be used.

她的脖子上围了一条漂亮的丝巾。
她站在门口围头巾。

(2) "围""围绕"后都可接处所词语,不过所表示的意义稍有不同:"围＋在＋处所"既可表示以该"处所"为中心,也可表示在该"处所"里面"围";而"围绕＋在＋处所"则一定指以该"处所"为中心。如:

Both 围 and 围绕 can carry location words, but the meaning of pattern 围＋在＋location words sometimes refers to do something around the place, sometimes refers to do something in the place. But the pattern 围绕＋在＋location words only means to do something around the place.

一家人围在桌边吃饭。(以"桌子"为中心"围")
他们围在房间里说悄悄话。(在"房间"里面"围"在一起)
他们围绕在房子的周围。(以"房子"为中心"围绕")

另外,"围""围绕"都可以说"围(绕)在一起":

Both 围 and 围绕 can be used in the pattern 围(绕)在一起.

三个孩子围在一起看书。
三个孩子围绕在一起看书。

(3) 二者都可接状态补语、趋向补语"起来"、结果补语"住""成""到",如:

Both 围 and 围绕 can carry state complement, directional complement 起来, result complement 住, 成 and 到.

展台被同学们围得水泄不通。
展台被同学们围绕得水泄不通。
他们把房子围起来了。
他们把房子围绕起来了。
地球总是围住太阳转。
地球总是围绕住太阳转。
把这些蜡烛围成一个圈儿。
把这些蜡烛围绕成一个圈儿。
孩子们很快就围到我身旁。
孩子们很快就围绕到我身旁。

不过，其他的结果补语和趋向补语前多用"围"，如：
But other result complement and directional complement generally will follow 围.

她身边围满了人。
我把被子围紧了。
先把他们围好，别叫他们跑了。
这些东西都围坏了。
衣服都围破了。
大家都围了过去。

（4）"围"可用作状语，"围绕"则不能。如：
围 can be used as adverbial modifier, but generally 围绕 cannot.

围观的人们都慢慢散开了。
我们围坐在一张小桌子周围。
七八个女孩儿围打一个男孩子。

（5）"围"可直接用作定语（不用助词"的"），"围绕"则一般不能。如：
围 can be used as attribute modifier without the help of particle 的, but generally 围绕 cannot.

我的房子外面有一堵围墙。
我买了一条围巾。

自测练习：用"围"或者"围绕"填空。

Exercise: Please fill in the blanks with 围 or 围绕．

1．同学们____在老师周围跳舞。

2．女孩子们____在宿舍里唱歌。

3．他的腰上____了一条毛巾。

4．老师身边____了一群孩子。

5．人们____着操场跑步。

6．我被孩子们____住了。

7．那朵花周围____满了蝴蝶。

8．把你的头巾____好。

9．几个男人在____看一个小偷。

10．孩子们喜欢____在一起玩游戏。

参考答案 (Answers)：1．围/围绕；2．围；3．围；4．围/围绕；5．围/围绕；
6．围/围绕；7．围；8．围；9．围；　10．围/围绕

吻丙 & 亲吻

词语释义 (Explanation of Words)

吻 wěn

用嘴唇接触人或物，表示喜爱 (to kiss)：吻他｜吻小孩

亲吻 qīnwěn

用嘴唇接触人或物，表示亲热喜爱 (to kiss)：亲吻他｜亲吻他的脸颊

词语辨析 (Analysis)

"吻"和"亲吻"的意义和英语翻译都完全相同。二者在用法上的异同主要有：

The meaning of 吻 is identical with 亲吻, the similarities and differences in their usages can be expressed as followings:

（1）二者都可带表示人或人体部位的宾语，如：

Both 吻 and 亲吻 can carry object referring to person or parts of body.

他吻她。

他亲吻她。

他吻了她的手。

他亲吻了她的手。

不过，如果宾语表示事物，则动词多用"亲吻"，如：

But the object referring to something generally will follow 亲吻.

他双膝跪地，深情地亲吻故土。

他亲吻了一下那块黑石。

有人不时用嘴亲吻铁栏杆。

（2）二者前面都可以加状语修饰语，如：

Adverbial modifier can be used before both 亲吻 and 吻.

当她睁开眼睛，麦克正温柔地吻她的脸颊。

当她睁开眼睛，麦克正温柔地亲吻她的脸颊。

他拼命地吻她。

他拼命地亲吻她。

不过，单音节状语修饰语后，得用"吻"，如：

But the monosyllabic modifier should be used before 吻.

她只想在他的长吻中愉快地死去。

他们一见面就狂吻不止。

他们热吻了。

他轻吻过妻子的头发。

（3）单独作谓语时，多用"亲吻"。如：

亲吻 can be used as predicate independently, but 吻 generally cannot.

他们亲吻了。

陌生人初次见面是不会亲吻的。

两个孩子迎上来，正抱住她亲吻。

（4）"吻"能重叠着用，"亲吻"一般不这样用。如：

吻 can be used in reduplicated form, but generally 亲吻 cannot be used in this way.

他经常是一进门就跑到床前，吻吻我，亲亲孩子。

他紧紧抱住我，吻了吻我。

（5）"亲吻"可以说"跟……亲吻"，但"吻"不能这样用。如：

亲吻 can be used in the pattern 跟……亲吻.

他全身发抖地搂着我，跟我亲吻。

他喜欢跟别人亲吻。

（6）"吻"可用作构成其他词语的词素，如"吻别""飞吻""口吻""吻合"等：

吻 can be used as morpheme to build other words, such as 口吻, 吻合, 吻别, 飞吻, and so on.

车站上总能看到一些吻别的情侣。

女儿出门前给了妈妈一个飞吻。

她总是以命令的口吻说话。

有时候梦能与现实相吻合。

自测练习：用"吻"或者"亲吻"填空。

Exercise: Please fill in the blanks with 吻 or 亲吻.

1. 别____我。
2. 他想____她一下。
3. 他在____他的新自行车。
4. 他抱住她开始狂____起来。
5. 陌生人初次见面是不会____的。
6. 他每天都要____ ____她。
7. 她不许男朋友跟别的女孩儿____。
8. 男女朋友分别的时候往往会____别。

参考答案 (Answers)：1. 吻/亲吻；2. 吻/亲吻；3. 亲吻；4. 吻；
　　　　　　　　　　 5. 亲吻； 6. 吻，吻； 7. 亲吻； 8. 吻

误丙 & 耽误丙

词语释义 (Explanation of Words)

误 wù

（1）耽误 (miss; hold up; delay)：误了赶路｜误车

（2）因错误或耽误而使受损害 (harm)：误国｜误人子弟

耽误 dānwù

因拖延或错过时机而误事 (hold up; delay)：耽误时间｜耽误休息

词语辨析 (Analysis)

"误"有形容词和动词两种用法。用作形容词时，主要意思有两个：（1）错，不正确 (wrong; mistaken)：误食｜误解｜误会；（2）不是故意（得罪人或损害人）(unintentional; by accident)：误伤｜误车。

误 has two usages: one is used as adjective, another is verb. When it is used as adjective, it has two common meanings: the first one is wrong, the second one is unintentional.

"误"用作动词时，也有两个常用意义：一个是"耽误"，一个是"使受损害"，其中第一个意义与"耽误"义同。当"误"用作第一个义项时，与"耽误"在用法上的异同主要有：

When 误 is used as verb, it has also two common meanings: one is hold up or delay, another is harm, among which only the first one is the same as 耽误. When 误 is used in the first meaning, the similarities and differences in usages between 误 and 耽误 can be expressed as followings:

（1）二者都可以带名词性宾语、动词性宾语、小句宾语、双宾语，如：

Both 误 and 耽误 can carry object which is acted by nominal word, verbal word, clause, double object.

我昨天酒喝得太多，误事儿了。
我昨天酒喝得太多，耽误事儿了。
早点儿回来，别误了上课。
早点儿回来，别耽误了上课。
快说吧，别误了我们赶火车。
快说吧，别耽误了我们赶火车。
不好意思，误你大事了！
不好意思，耽误你大事了！

不过，"耽误"带名词性宾语时，其前面皆可加程度副词"很""非常"等，如：

But the pattern 耽误 + *nominal object* can follow the degree adverb 很, 非常, etc.

我觉得这样很耽误时间。
我肠胃不好，很耽误工作。
孩子的习惯不太好，很耽误学习。

如果宾语是多音节词，"误"后一般都得加上助词"了"（参见以上用例），如果没有"了"则动词多用"耽误"，如：

If the object is acted by disyllabic or multisyllabic words, and there is no particle 了 after the verb, generally the verb should be 耽误.

快说吧，别耽误我们赶火车。
我们不能耽误你看病。
不要耽误学习。
这样下去，你会耽误自己的事情。

（2）二者都可以接可能补语，如：

Both 误 and 耽误 can carry potential complement.

误不了上课就行。
耽误不了上课就行。

不过，"耽误"还可以接状态补语、程度补语、结果补语、趋向补语，如：

But the state complement, degree complement, result complement, and directional complement, generally will follow 耽误.

我们的事儿被他耽误得没办法做了。
我们耽误得太多了。
衣服把我耽误住了。
我把要紧的事儿都耽误掉了。
一路耽误下去就会有补不完的课。
她的事情就这样耽误下来了。

（3）"耽误"后可接助词"着"，"误"则一般不能，如：

耽误 can be followed by particle 着, but generally 误 cannot.

我们不能这么耽误着，得赶紧采取行动。
旧的教育制度正在耽误着下一代。

（4）陈述句中，单独用作谓语时，多用"耽误"。如：

In declarative sentence，耽误 can be used as predicate independently, but 误 generally cannot.

早上我有点事耽误了。

路上换车耽误了。

她早就该上大学了，可惜中途耽误了。

自测练习：用"误"或者"耽误"填空。

Exercise: Please fill in the blanks with 误 or 耽误.

1. 朋友们都认为是我____了事儿。
2. 医生____了治疗的时间。
3. 我们不能____你当演员。
4. 这么大年纪了，再也____不起了。
5. 病人都____得不行了！
6. 时间____得太厉害了。
7. 我被孩子____住了。
8. 孩子的事情，该怎么办就怎么办，别这么____着。

参考答案(Answers)：1．误／耽误；2．误／耽误；3．耽误；4．误／耽误；
5．耽误； 6．耽误； 7．耽误；8．耽误

X

吓甲 & 吓唬

词语释义 (Explanation of Words)

吓 xià

吓唬；感到害怕 (to frighten; to scare)：别吓小弟弟 | 吓死我了

吓唬 xiàhu

使害怕 (to frighten; to scare; to intimidate; to startle)：吓唬人 | 吓唬小孩儿

词语辨析 (Analysis)

"吓"和"吓唬"的意义基本相同，用法上的异同主要有：

The meaning of 吓 is basically the same as 吓唬. The similarities and differences in their usages can be expressed as followings:

（1）二者都带可名词性宾语，如：

Both 吓 and 吓唬 can carry nominal object.

你别吓我。
你别吓唬我。
你吓小弟弟了？
你吓唬小弟弟了？

但当宾语是单音节词"人"时，意义稍有差异。"吓人"有两个意思，如：

But when the object is 人, pattern 吓人 has two meanings: One is to frighten others; another is being frightened by the subject.

你别吓人了。（意思是"你"故意让别人感到害怕）
这个东西好吓人啊。（意思是这个东西本身让人感到害怕）

而"吓唬人"只有"吓人"的第一个意思。

But the pattern 吓唬人 just has one meaning, that is, to frighten others.

用作第二个意思的"吓人"带有形容词的特性，故其前面可以加程度副词"很""非常""十分"等，而"吓唬"前面则不能。如我们可以说：

When the pattern 吓人 is used in the second meaning, it can follow the degree adverb 很，非常，十分，etc.

他的样子很吓人。

有没有非常吓人的电影？

这些恐怖小说十分吓人。

（2）二者都可以接趋向补语、可能补语，如：

Both 吓 and 吓唬 can carry directional complement, potential complement.

他吓出病来了。

他吓唬出病来了。

你吓不倒我。

你吓唬不倒我。

不过，结果补语、状态补语前，多用"吓"，如：

But the result complement and state complement generally will follow 吓.

把我吓死了。

她吓晕了。

她的脸都吓白了。

孩子吓醒了。

同学们都吓得哭起来了。

结果补语"住"前，用"吓""吓唬"都可以，如：

The result complement 住 can follow both 吓 and 吓唬.

小偷被吓住了。

小偷被吓唬住了。

（3）"吓唬"可以直接用作定语修饰语，但"吓"则一般不能。如：

吓唬 can be used attribute modifier, but 吓 generally cannot.

你的吓唬手段并不高明。

吓唬办法有很多。

孩子在妈妈的吓唬声中缩回了手。

我再也不敢说一句吓唬话。

（4）"吓唬"前面可加定语修饰语，但是"吓"则不能。如：

吓唬 can follow attribute modifier, but 吓 generally cannot.

我等待着更可怕的吓唬。

面对小偷的吓唬，我们谁也没有退缩。

这种吓唬我见多了。

（5）"吓唬"可用作状语修饰语，而"吓"则不能。如：

吓唬 can be used as adverbial modifier, but generally 吓 cannot.

老师吓唬说："再不认真学习就把你送回家去。"

医生吓唬道："你再动一下，我就用力扎。"

我半吓唬地轻轻打了孩子几下，他就乖乖吃饭了。

另外，"吓"可以说"吓一跳"，而"吓唬"则不能这样用。如：

In addition, 吓 can be used in pattern 吓一跳, but 吓唬 cannot.

我吓了一跳。

他把孩子吓一跳。

自测练习：用"吓"或者"吓唬"填空。

Exercise: Please fill in the blanks with 吓 or 吓唬.

1. 这种电影非常____人的。
2. 他喜欢在晚上____别人。
3. 这种病人可____不得。
4. 孩子被他____住了。
5. 那个老人____晕过去了。
6. 我____得气都不敢出。
7. 她收到几条____短信。
8. 我不怕你们的____。

参考答案 (Answers)：1. 吓；2. 吓 / 吓唬；3. 吓 / 吓唬；4. 吓 / 吓唬；
5. 吓；6. 吓；　7. 吓唬；　8. 吓唬

想甲 & 想念乙

词语释义 (Explanation of Words)

想 xiǎng

（1）开动脑筋；思索 (think; ponder)：想事儿｜想问题｜想主意｜想对策

（2）回想、回忆 (recall)：想往事｜想以前的日子｜你再想想钥匙放哪儿了

（3）推测，认为 (suppose; reckon)：你想谁最合适｜我想明天可能会下雨

（4）希望，打算 (hope; want)：我想出国｜他想当老师｜你想去北京吗

（5）怀念，想念 (miss)：我想她｜他想家｜孩子想妈妈

想念 xiǎngniàn

对景仰的人、离别的人或环境不能忘怀，希望见到 (miss)：想念祖国｜想念亲人

词语辨析 (Analysis)

"想"至少有以上五个常用义，其中第五个意义与"想念"义同。

想 has at least five common meanings as above, among which only the fifth one is the same as 想念.

"想"用作第五个义项时，与"想念"在用法上的异同主要有：

When 想 is used in the fifth meaning, the similarities and differences in usages between 想 and 想念 can be expressed as followings:

（1）二者都可以带名词性宾语，如：

Both 想 and 想念 can carry nominal object.

我想妈妈。
我想念妈妈。
我们都很想他。
我们都很想念他。

不过，如果宾语是处所词语（"家"除外），则动词多用"想念"，如：

But if the object is location word, exception 家, generally 想念 will be used.

真想念那个地方。
我想念我的祖国了。
我很想念北京。

宾语"家"前，多用"想"，偶尔也可用"想念"，如：

Object 家 generally will follow 想. Occasionally will follow 想念.

想家的时候怎么办?
想念家的时候怎么办？（较少用）

（2）二者都可以接趋向补语、状态补语、程度补语，如：
Both 想 and 想念 can carry directional complement, state complement, degree complement.

你怎么现在想起妈妈来了？
你怎么现在想念起妈妈来了？
他想她想得心都痛了。
他想念她想念得心都痛了。
我想得很厉害。
我想念得很厉害。

不过，结果补语前，多用"想"，如：
But the result complement generally will follow 想.

我想死你了。
他都想疯了。
孩子想哭了。
心都想痛了。

（3）"想念"前可加定语修饰语，但是"想"前一般不可以。如：
Attribute modifier can be used before 想念, but generally cannot before 想.

我们的想念越来越浓。
这种想念太难受了。
这是一种痛苦的想念。
这是一种文化想念。

（4）"想念"无须助词"的"可直接用作定语，但"想"却一般不能这样用。如：
想念 can be used as attribute modifier without the help of particle 的, but 想 generally cannot.

每一个人都有自己的想念方式。
不同的人有不同的想念对象。

自测练习：用"想"或者"想念"填空。

Exercise: Please fill in the blanks with 想 or 想念.

1. 他在____他的女朋友。
2. 我非常____那个美丽安静的地方。
3. 她每天____得吃不下饭。
4. 他离开女朋友没几天就____得很厉害。
5. 孩子想妈妈都____哭了。
6. 我看你是____疯了。
7. 我不需要你们的____。
8. 我们都有自己的____对象。

参考答案 (Answers)：1．想/想念； 2．想念； 3．想/想念； 4．想/想念；
5．想； 6．想； 7．想念； 8．想念

信甲 & 相信甲

词语释义 (Explanation of Words)

信 xìn

（1）相信 (believe; trust)：我信你｜别信他的话

（2）信奉 (believe in; embrace)：信伊斯兰教｜信基督教

相信 xiāngxìn

认为正确或确实而不怀疑 (believe in; embrace)：相信别人｜大家都不相信他的话

词语辨析 (Analysis)

"信"至少有以上两个常用义，其中第一个意义与"相信"义同。

信 has at least two common meanings as above, among which only the first one is the same as 相信.

"信"用作第一个义项时，与"相信"在用法上的异同主要有：

When 信 is used in the first meaning, the similarities and differences in usages between 信 and 相信 can be expressed as followings:

（1）二者都可以带单音节、双音节以及表示事物名称的多音节名词性宾语，如：

Both 信 and 相信 can carry object.

我们信你。
我们相信你。
很多人信命。
很多人相信命。
我信科学。
我相信科学。

不过，单音节宾语"人"和多音节宾语前，多用"相信"，如：
But 人 and other multisyllabic object generally will follow 相信 .

他应该相信人。
我相信我的直觉。
她相信我爱她。
我相信他是一个好人。

不过，在否定句中，小句宾语前，用"信""相信"都可以，如：
In negative sentence, if the object is a clause, both 信 and 相信 can be used.

我不信他是好人。
我不相信他是好人。
我不信这是真的。
我不相信这是真的。

如果动词后面有停顿（用"，"号隔开），则该动词一般只能用"相信"：
If there is a comma after the verb, generally the verb should be 相信 .

我相信，她一定会用某种形式向你传达信息的。
我们相信，终有一天我们会超过他们。

（2）二者都可以接趋向补语、可能补语，如：
Both 信 and 相信 can carry directional complement, and potential complement.

你怎么信起他的话来了？
你怎么相信起他的话来了？
这种事情信不得。
这种事情相信不得。

不过，"动＋得／不＋过"结构中，只能用"信"，如：

信 can be used in the pattern *verb* ＋得／不＋过, but 相信 cannot.

如果信得过我，就跟我走。

她连我也信不过。

（3）二者前面都可以加状语修饰语，不过，"相信"前面一般加双音节修饰语，"信"前面一般加单音节修饰语。如：

Both 信 and 相信 can follow adverbial modifier, but generally 信 will follow the monosyllabic modifier, and 相信 will follow disyllabic modifier.

夫妻一定要互相相信。

我深深相信她是一个好女孩儿。

我深信她是一个好女孩儿。

他确信自己是对的。

另外，"相信"可以用在"令（使）sb. 难以相信"句式中：

In addition, 相信 can be used in the pattern 令（使）sb. 难以相信.

这简直太令人难以相信了。

自测练习：用"信"或者"相信"填空。

Exercise: Please fill in the blanks with 信 or 相信.

1. 同学们都____我。
2. 我____人话。
3. 你怎么不____人呢？
4. 我____你心里有我。
5. 他不____这个世界上有鬼。
6. 我们____，只要多听、多说、多练，就一定能学好汉语。
7. 朋友____得过吗？
8. 你确____他没拿？

参考答案 (Answers)：1. 信／相信；2. 信／相信；3. 相信；4. 相信；
5. 信／相信；6. 相信；　7. 信；　8. 信

修₁ & 修理₁

词语释义 (Explanation of Words)

修 xiū

（1）修理；整治 (repair)：修车｜修电脑｜修空调｜修手表

（2）兴建；建筑 (build)：修铁路｜修天桥｜修房子

（3）剪或削，使整齐 (trim; prune)：修树枝｜修指甲

修理 xiūlǐ

（1）使损坏的东西恢复原来的形状或作用 (repair; mend)：修理电脑｜修理摩托车

（2）修剪 (prune)：修理果树｜修理花木

词语辨析 (Analysis)

"修"至少有以上三个常用义，其中第一个和第三个意义与"修理"义同。

修 has at least three common meanings as above, among which the first and third ones are the same as 修理.

"修"用作第一、三个义项时，与"修理"在用法上的异同主要有：

When 修 is used in the first or third meaning, the similarities and differences in usages between 修 and 修理 can be expressed as followings:

（1）二者都可以带宾语，如：

Both 修 and 修理 can carry object.

他在修摩托车。

他在修理摩托车。

我们请个师傅来修空调。

我们请个师傅来修理空调。

不过，单音节宾语前，多用"修"，如：

But the monosyllabic object generally will follow 修.

他在修车。

我去修鞋。

师傅在修表。

表示原因的宾语前，多用"修理"，如：

The object referring to the reason generally will follow 修理.

他会修理电视机的小毛病。
自己可以修理一些小问题。

（2）二者都可以接趋向补语、可能补语、状态补语、结果补语，如：

Both 修 and 修理 can carry directional complement, potential complement, state complement, and result complement.

你怎么修起闹钟来了？
你怎么修理起闹钟来了？
这个东西恐怕修不好了。
这个东西恐怕修理不好了。
张师傅修得很漂亮。
张师傅修理得很漂亮。
手表被修坏了。
手表被修理坏了。
看你把这花枝修成什么样子了？
看你把这花枝修理成什么样子了？

不过，如果结果补语的语义指向施事，则动词多用"修"，如：

But if the meaning of the result complement refers to the agent, generally the verb should be 修.

他修累了。
连续多日，我修病了。
从早上到现在一直没停，我修困了。
又是这个，我都修烦了！

（3）"修理"无须助词"的"可直接用作定语，"修"则不能。如：

修理 can be used as attribute modifier without the help of particle 的, but generally 修 cannot.

他是一个修理工。
请给师傅修理费 300 元。
你有修理公司的电话吗？
这个师傅的修理技术很高。

（4）"修理"前面可加定语修饰语，但"修"一般不能。如：

修理 can follow attribute modifier, but generally 修 cannot.

他们对自行车进行免费的修理。

对房子做一些必要的修理。

汽车的修理比较麻烦。

（5）二者都可用作宾语，不过"修理"一般用作双音节动词的宾语；"修"一般作少量单音节动词的宾语。如：

Both 修 and 修理 can be used as object, but generally 修理 will follow disyllabic verb, and 修 can only follow monosyllabic verb.

我们将于明天对这辆车进行修理。

这是一幢年久失修的房子。

保修期是三个月。

自测练习：用"修"或者"修理"填空。

Exercise: Please fill in the blanks with 修 or 修理.

1. 师傅来给我们____防盗门。
2. 她在用小剪刀____花树的枯枝。
3. 我下午去____鞋。
4. 我____疼了手，得休息一下。
5. 你知道手机____店在哪儿吗？
6. 这个师傅的____经验很丰富。
7. 我不懂小提琴的____。
8. 昨天，师傅对教室的全部电脑都进行了____。

参考答案 (Answers)：1．修 / 修理；2．修 / 修理；3．修；　4．修；
　　　　　　　　　　5．修理；　　6．修理；　　7．修理；8．修理

选₂ & 挑选₁

词语释义 (Explanation of Words)

选 xuǎn

（1）挑选 (choose; select; pick out)：选车｜选课｜选衣服｜选演员

（2）选举 (elect)：选班长｜选代表｜选三好学生

挑选 tiāoxuǎn

从若干人或物中找出适合要求的 (choose; select; pick out)：挑选衣服｜挑选演员

词语辨析 (Analysis)

"选"至少有以上两个常用义，其中第一个意义与"挑选"义同。

选 has at least two common meanings as above, among which only the first one is the same as 挑选.

"选"用作第一个义项时，与"挑选"在用法上的异同主要有：

When 选 is used in the first meaning, the similarities and differences in usages between 选 and 挑选 can be expressed as followings:

（1）二者都可带宾语，如：

Both 选 and 挑选 can carry object.

胖人怎么选衣服？

胖人怎么挑选衣服？

不过，单音节宾语（人称代词除外）前，多用"选"，如：

But exception person pronoun, other monosyllabic object generally will follow 选.

选房标准是认钱不认人。

请同学们在网上选课。

老师在选人回答问题。

单音节人称代词前可用"选"也可以"挑选"，如：

Monosyllabic person pronoun can follow both 选 and 挑选.

麦克选她作女朋友是对的。

麦克挑选她作女朋友是对的。

（2）二者都可接趋向补语、状态补语、结果补语"好""到"，如：

Both 选 and 挑选 can carry directional complement, state complement, result complement

好 and 到.

他是从别的学校选过来的。
他是从别的学校挑选过来的。
这些衣服选得不错。
这些衣服挑选得不错。
你选好了没有?
你挑选好了没有?
我选到了自己喜欢的书。
我挑选到了自己喜欢的书。

不过,"好""到"以外的结果补语,如果其后还有宾语,则动词多用"选",如:
But besides 好 and 到, other result complement followed by object, generally will follow 选.

你选对人了。
她选错了丈夫。
我选定了他做我的同伴。
他选中了那个名叫玛丽的女同学。
你要选准去的时间。

(3)"选"可直接用作另一动词的状语修饰语(不带助词"地"),"挑选"则一般不能。如:
选 can be used as adverbial modifier without the help of particle 地, but 挑选 generally cannot.

考试题一共有四题,老师让我们选做两题。
我选读过很多专业以外的书。
每学期我们必须选修一门专业课程。

(4)"选""挑选"都可直接用作定语(不用助词"的"),不过"选"只能用作少数单音节名词的定语,而"挑选"则主要用作双音节名词的定语。如:
Both 选 and 挑选 can be used as attribute modifier without the help of particle 的, but 选 can only be used before monosyllabic noun, and 挑选 should be before disyllabic noun.

这是鲁迅小说选集。
他是这次小提琴比赛的选手之一。
挑选过程太长了。

顾客有很大的挑选余地。

（5）"挑选"可用作某些双音节动词的宾语，如：

挑选 can be used as object of some disyllabic verbs.

选手都是经过挑选的。

消费者在自主选择商品时，有权进行比较和挑选。

附："挑选"和"选择"的差异

PS: The difference between **挑选** and **选择**

二者在用法上没有多大的差异，故以上用例中的"挑选"都可换成"选择"。

There is no obvious difference in usages between 挑选 and 选择.

二者的细微差异主要体现在语义上："挑选"强调从众多的人或事物中选出最好的；"选择"侧重从众多的人或事物中选出最合适的。如：

A little difference lies in their meanings: 挑选 emphasize to select the best one, and 选择 emphasize to select the most suitable one.

我从篮子里挑选出了最好的苹果。

我决定选择他作男朋友。

尽管从句法上看，这里"挑选"和"选择"可以互换；但是从语义看，当语境强调"选出最好"义时，我们最好用"挑选"；当语境强调"选出最合适"义时，我们最好用"选择"。

自测练习：用"选"或者"挑选"填空。

Exercise: Please fill in the blanks with 选 or 挑选.

1. 我想____一件漂亮的衣服。
2. 我们可以去____房了。
3. 她终于____好了。
4. 你____定时间了吗？
5. 下面有四道题，你可以____做三题。
6. 我看过鲁迅的小说____集了。
7. 你知道____顺序吗？
8. 你____到自己喜欢的书没有？

参考答案 (Answers)：1. 选 / 挑选；2. 选；3. 选 / 挑选；4. 选；
5. 选；　　6. 选；7. 挑选；　　8. 选 / 挑选

学_甲 & 学习_甲

词语释义 (Explanation of Words)

学 xué

（1）学习 (study)：学汉语｜学文化｜学写汉字｜学用筷子｜学开车

（2）模仿 (imitate)：那个小孩在学你｜他在学外国人说话｜他会学猫叫

学习 xuéxí

从阅读、听讲、研究、实践中获得知识或技能 (study)：学习汉语｜学习文化

词语辨析 (Analysis)

"学"至少有以上两个常用义，其中第一个意义与"学习"义同。

学 has at least two common meanings as above, among which only the first one is the same as 学习.

"学"用作第一个义项时，与"学习"在用法上的异同主要有：

When 学 is used in the first meaning, the similarities and differences in usages between 学 and 学习 can be expressed as followings:

（1）二者都可以带名词性宾语、动词性宾语，如：

Both 学 and 学习 can carry nominal object and verbal object.

我想**学**书法。
我想**学习**书法。
妈妈想**学**开火车。
妈妈想**学习**开火车。

不过，单音节宾语前，多用"学"，如：

But the monosyllabic object generally will follow 学.

我是**学**医的。
他在**学**画。
这个孩子没有**学**走就想**学**跑。

小句宾语前，多用"学习"，如：

If the object is acted by a clause, generally 学习 will be used.

他在学习人家是怎么做的。

我想学习妈妈做面包。

（2）没带宾语时，"学＋时量"往往表示"学"一门对象，而"学习＋时量"则既可表示"学"一门对象，也可表示"学"多门对象。如：

The pattern 学＋ complement of duration usually means what one learned is one thing specific, but 学习 ＋ complement of duration can indicate what one learned is more than one thing, that is, several things.

他在中国学了一年。（学习的对象是某一个，如汉语等）

他在中国学习了一年。（可能学习多个对象，如汉语、京剧、气功、武术等）

（3）二者都可以接趋向补语、可能补语，如：

Both 学 and 学习 can carry directional complement, potential complement.

一年学下来，可以通过 HSK4 级。

一年学习下来，可以通过 HSK4 级。

这么多书我学不完。

这么多书我学习不完。

结果补语"完""好"前，用"学"和"学习"都可以，如：

The result complement 完 and 好 can follow both 学 and 学习.

我们学完汉语了。

我们学习完汉语了。

我学好这门技术了。

我学习好这门技术了。

除了"完""好"以外，其他结果补语前，多用"学"，如：

But besides 完 and 好, other result complement generally will follow 学.

我学会了开车。

这本书他学懂了。

他学聪明了。

她学坏了。

状态补语前，多用"学"，如：

State complement generally will follow 学.

我汉语学得不好。
他学得很认真。
她的汉语学得连我都不如。

（4）"学习"可直接用作定语修饰语，但"学"一般不能。如：

学习 can be used as attribute modifier without the help of particle 的, but generally 学 cannot.

学习方法很重要。
学习态度也很关键。
学习时间是一年。
他的学习成绩不太好。

（5）"学习"前可加定语修饰语，但"学"前一般不能。如：

学习 can follow attribute modifier, but generally 学 cannot.

我们的学习很好。
经过四年的学习，她的汉语说得跟中国人差不多了。
我想知道一些汉语学习的方法。

（6）"学"可以用在强调句型"是……的"中，如：

学 can be used in the pattern 是……的, but generally 学习 cannot.

他的汉语是在中国学的。
你的气功是跟谁学的？
你的功夫是在哪儿学的？

自测练习：用"学"或者"学习"填空。

Exercise: Please fill in the blanks with 学 or 学习.

1．我们来中国____汉语。
2．他不想____医。
3．我们还得在中国____下去。
4．他们____完第二本书了。
5．别把孩子____傻了。
6．别浪费____时间。

7. 理论的____很重要。
8. 你的汉语说得很好,是在哪儿____的?

参考答案(Answers): 1. 学/学习; 2. 学; 3. 学/学习; 4. 学/学习;
5. 学; 6. 学习; 7. 学习; 8. 学

Y

演_乙 & 表演_甲

词语释义 (Explanation of Words)

演 yǎn

表演 (perform; act; show)：演戏｜演电影｜演英雄人物｜演男主角

表演 biǎoyǎn

（1）把情节或技艺等表现出来 (perform; act; play)：表演节目｜表演气功
（2）做示范性的动作 (demonstrate)：表演新技术｜表演体操

词语辨析 (Analysis)

一般的辞书都把"演"和"表演"当作等义词，其实，"演"只具备了"表演"的第一个义项，所以，如果语境要求"做示范性动作"义时，我们只能用"表演"，如：

In popular dictionaries, the meaning of 演 is expressed as totally the same as 表演. But in fact, 表演 has at least two common meanings as above, the first one is *perform*, the second one is *demonstrate*; and 演 just has one meaning: *perform*. Therefore, when the meaning of demonstration is needed, 表演 should be used.

现在老师给你们把第一个动作表演一下。
老板在表演新操作方法。
经理把示范动作给大家表演了几回。

二者用作"把情节或技艺等表现出来"义时，在用法上的异同主要有：

When both 演 and 表演 are used in the meaning of *perform*, the similarities and differences in their usages can be expressed as followings:

（1）二者都可以带宾语，如：

Both 演 and 表演 can carry object.

我们在演节目。
我们在表演节目。
他们喜欢演京剧。
他们喜欢表演京剧。

但是，如果被表演的对象是一个较具体的角色，则只能用"演"，不能用"表演"。如：

But if the object is one specific role, generally 演 will be used.

在这个片子里，她演女主角，我演女主角的丈夫。
他在剧中总是演坏人。

单音节词宾语前，多用"演"，如：

Monosyllabic object generally will follow 演.

他们好像在演戏。

"表演"的对象一般是具体的情景，所以，如果宾语是总括名词如"电影""电视"等，则动词多用"演"，如：

If the object is acted by abstract noun, generally 演 will be used.

她只演电影。
他喜欢演电视。

（2）二者都可以接趋向补语、状态补语、可能补语、结果补语"完"，如：

Both 演 and 表演 can carry directional complement, state complement, potential complement, result complement 完.

他高兴地给大家演起节目来了。
他高兴地给大家表演起节目来了。
你演得很不错。
你表演得很不错。
这个节目我演不好。
这个节目我表演不好。
杂技演完了。
杂技表演完了。

不过，"完"以外的结果补语前，多用"演"，如：

But besides 完, other result complement generally will follow 演.

这次魔术演砸了。
这个形象被演坏了。
人物都被演变形了。
情节被演失真了。

（3）"表演"可以直接用作定语，但是"演"一般不能。如：

表演 can be used as attribute modifier without the help of particle 的, but 演 generally cannot.

我们学表演专业。
她的表演技术很高。（"表演技术"可简称为"演技"）
今天我们要上表演课。
一群男表演者出场了。

（4）"表演"前可加定语修饰语，但"演"前一般不能。如：

表演 can follow attribute modifier, but 演 generally cannot.

我喜欢看军事表演，她喜欢看舞蹈表演。
观众都在为他的精彩表演鼓掌。
我们学习戏剧表演。
孩子喜欢看飞行表演。
他们的表演很精彩。

（5）"表演"可以用作宾语和主语，而"演"则一般不能。如：

表演 can be used as object or subject, but 演 generally cannot.

他们正在看表演。
表演完毕。

自测练习：用"演"或者"表演"填空。

Exercise: Please fill in the blanks with 演 or 表演.

1. 他们在礼堂里____节目。
2. 你____丈夫，我____妻子，好不好？
3. 他很会____戏。

4．我们班____得好极了。

5．我把剧情____活了。

6．你知道____时间吗？

7．他们在看体操____。

8．我们的____很成功。

参考答案 (Answers)：1．演／表演；2．演；　3．演；　4．演／表演；
　　　　　　　　　　5．演；　　6．表演；7．表演；8．表演

演乙 & 演出甲

词语释义 (Explanation of Words)

演 yǎn

表演 (perform; act; show)：演电影｜演男主角

演出 yǎnchū

把戏曲、舞蹈、曲艺、杂技等演给观众欣赏 (perform; show)：为大家演出｜演出结束了

词语辨析 (Analysis)

"演"和"演出"的意思基本相同，用法上的差异主要有：

The meaning of 演 is basically the same as 演出. The differences between their usages can be expressed as followings:

（1）"演"可以带各类宾语（具体用例可参看"演＆表演"），而"演出"则一般只能带"节目"和戏剧类多音节的宾语，如：

演 can carry many kinds of objects (see the examples for "演＆表演"), but 演出 can only carry those objects referring to program or drama.

舞台上在演什么节目？

舞台上在演出什么节目？

用一个季节演一场话剧。

用一个季节演出一场话剧。

（2）"演"可以带各类补语，而"演出"则一般不能。如：

演 can carry many kinds of complement, but generally 演出 cannot carry any complement.

她演得好极了。
他们把小偷演成了好人。
你继续演下去。
这么多剧情今天演得完吗?

（3）"演出"可以直接用作定语修饰语，但是"演"则一般不能。如：
演出 can be used as attribute modifier without the particle 的, but generally 演 cannot.

她演出水平很高。
你是哪个演出单位的？
她和这个公司签了一年的演出合同。
他勉强地穿上了演出服。
我不想参加演出活动。

（4）"演出"前面可加定语修饰语，"演"则一般不能。如：
演出 can follow attribute modifier, but generally 演 cannot.

我喜欢看军事演出。
业余演出没有经济收入。
今天有什么演出？
我明天有一个演出。

（5）"演出"可以用作宾语和主语，"演"一般不能。如：
演出 can be used as object or subject, but 演 generally cannot.

他们正在看演出。
演出结束了。

附："表演"和"演出"的差异
PS: The differences between 表演 and 演出

1. 二者意义上有细微的差异："表演"有"做示范性动作"的意思，而"演出"则没有此义。所以，当语境要求"做示范性动作"义时，只能用"表演"，如：

There is a little difference between their meanings: 表演 has the meaning of *demonstration*, but 演出 has no this meaning.

请你来表演一下应该怎么跳。

他在表演那个最难的动作。

2. 用法上的差异主要体现在两个方面：

The different usages mainly lie in two aspects:

一是带宾语："表演"可较自由地带多类宾语，而"演出"则一般只能带"节目"和"戏剧"类名词性宾语，如：

One is in object: 表演 can carry many kinds of objects, but 演出 can only carry a few objects referring to program or drama.

她喜欢表演非洲舞蹈。

她们想表演什么节目？

她们想演出什么节目？

二是带补语："表演"可带多类补语，而"演出"则一般不能带补语，如：

Another is in complement: 表演 can carry many types of complement, but 演出 generally cannot carry any complement.

你可以继续表演下去。

他表演得很好。

这个节目我表演不好。

杂技表演完了。

自测练习：用"演"或者"演出"填空。

Exercise: Please fill in the blanks with 演 or 演出.

1. 他们在____什么节目？
2. 在这部电影里，我____警察。
3. 别____砸了！
4. 他的____费是五块钱。
5. 我们想把____日期推迟一下。
6. 文艺____太精彩了。
7. 她喜欢看____。
8. ____结束的时候，大家都鼓起掌来。

参考答案 (Answers)： 1. 演／演出； 2. 演； 3. 演； 4. 演出； 5. 演出； 6. 演出； 7. 演出； 8. 演出

摇 乙 & 摇摆 丙

词语释义 (Explanation of Words)

摇 yáo

摇摆；物体来回地动 (shake; rock; wag; sway)：摇头｜摇船｜摇铃｜摇旗子

摇摆 yáobǎi

向相反的方向来回地移动或变动 (move to and fro; sway ;swing)：摇摆小树｜摇摆尾巴｜摇摆扇子

词语辨析 (Analysis)

"摇"和"摇摆"的意思基本相同，用法上的异同主要有：

The meaning of 摇 is basically the same as 摇摆. The similarities and differences in their usages can be expressed as followings:

（1）二者都可以带宾语，如：

Both 摇 and 摇摆 can carry object.

那个老人经常摇一把扇子。
那个老人经常摇摆一把扇子。
小狗喜欢在主人面前摇尾巴。
小狗喜欢在主人面前摇摆尾巴。

不过，单音节宾语前，多用"摇"，如：

But the monosyllabic object generally will follow 摇.

人们看后都摇头。
有些孩子坐着喜欢摇腿。
别摇船了！

表示人的宾语前，多用"摇"，如：

他在摇孩子。
别摇我！

（2）后面没有宾语，单独用作描述性谓语时，一般用"摇摆"，如：

摇摆 can be used as predicate independently, but 摇 seldom can be used in this way.

这张桌子有点儿摇摆。

国旗在风中摇摆。

如果动作对象是某容器，目的是"摇"容器里面的东西，则要用"摇"。如：

If the object is a container, and the purpose of the action is to shake something inside the container, generally 摇 will be used.

喝药前请把瓶子摇一下。

你摇牛奶杯子干什么？

（3）二者都可以接趋向补语、状态补语、程度补语，如：

Both 摇 and 摇摆 can carry directional complement, state complement, degree complement.

汽车忽然剧烈地摇起来了。

汽车忽然剧烈地摇摆起来了。

船摇得人都坐不稳了。

船摇摆得人都坐不稳了。

渔船摇得很厉害。

渔船摇摆得很厉害。

不过，表示上下方向的趋向补语前，只能用"摇"，如：

But the directional complement referring to up and down, generally will follow 摇.

她把车窗玻璃一会儿摇上去，一会儿摇下来。

为你摇下一树梨花。

结果补语和可能补语前，多用"摇"，如：

The result complement generally will follow 摇.

椅子被摇坏了。

她被摇醒了。

这张桌子摇不动。

（4）"摇摆"可用作状语，但是"摇"则一般不能。如：

摇摆 can be used as adverbial modifier, but 摇 generally cannot.

车子摇摆地走了几步。

他摇摇摆摆地走了出去。

一个老人正左右摇摆地走在斑马线上。

（5）"摇摆"可直接用作定语修饰语（无须助词"的"），但"摇"则一般不能。如：

摇摆 can be used as attribute modifier without the particle 的, but generally 摇 cannot.

这是你要的摇摆机。

船体摇摆度超过了最大倾斜极限。

这个叔叔在大街上跳摇摆舞。

（6）"摇摆"前面可加定语修饰语，可用作双音节动词的宾语，但"摇"则一般都不能这样用。如：

摇摆 can follow the attribute modifier, and can be used as object, but 摇 generally cannot.

他没有丝毫的摇摆。

房子终于停止了摇摆。

另外，"摇摆"还有一些习惯用法，如："大摇大摆""摇头摆脑""摇头摆尾""摇摆不定"等。

In addition, there are some idioms for 摇摆, such as 大摇大摆, 摇头摆脑, 摇头摆尾, 摇摆不定, and so on.

自测练习：用"摇"或者"摇摆"填空。

Exercise: Please fill in the blanks with 摇 or 摇摆.

1. 小孩儿都喜欢____拨浪鼓。

2. 请不要____头。

3. 他喝水前总喜欢____一下瓶子，看里面的水干不干净。

4. 这船____得太厉害了！

5. 他把孩子____哭了。

6. 请把车窗____下来，好吗？

7. 孩子们哭着，闹着，____地走着。

8. 蝴蝶会跳____舞。

参考答案 (Answers)：1. 摇/摇摆； 2. 摇； 3. 摇； 4. 摇/摇摆；
          5. 摇； 6. 摇； 7. 摇摆； 8. 摇摆

摇~乙~ & 摇晃~丙~

词语释义 (Explanation of Words)

摇 yáo

摇摆；物体来回地动 (shake; rock; wag; sway)：摇头｜摇船｜摇铃｜摇旗子

摇晃 yáohuang

摇摆 (shake; rock; sway)：摇晃水瓶｜摇晃脑袋｜摇晃着身体

词语辨析 (Analysis)

"摇"和"摇晃"的意思基本相同。二者在用法上的异同主要有：

The meaning of 摇 is basically identical with 摇晃. The similarities and differences in their usages can be expressed as followings:

（1）二者都可以带宾语，如：

Both 摇 and 摇晃 can carry object.

很多孩子都喜欢坐着摇腿。
很多孩子都喜欢坐着摇晃腿。
几个男同学开始摇我的船。
几个男同学开始摇晃我的船。
请不要摇梯子。
请不要摇晃梯子。

不过，如果宾语是表示动作想要的结果，则动词多用"摇"，如：

But if the object refers to something wanted by the subject, generally 摇 will be used.

我不喜欢摇面团儿。
有些事情可以通过摇签来解决。
双色球什么时候摇奖？

（2）二者都可以接趋向补语、状态补语、程度补语、可能补语、结果补语，如：

Both 摇 and 摇晃 can carry directional complement, state complement, degree complement, potential complement.

整个大楼都摇起来了。
整个大楼都摇晃起来了。
船摇得人都坐不稳了。

船摇晃得人都坐不稳了。
渔船摇得很厉害。
渔船摇晃得很厉害。
这根柱子摇不动。
这根柱子摇晃不动。
她被摇醒了。
她被摇晃醒了。

但是，结果补语后有宾语时，动词多用"摇"，如：

But if there is object after the result complement, generally 摇 will be used.

我们摇断了两根电线。
你摇醒孩子了？
别摇坏桌子。

（3）"摇晃"可用作状语，"摇"一般不能。如：

摇晃 can be used as adverbial modifier, but generally 摇 cannot.

他们正摇晃地走着。
他的小女儿骑着自行车摇摇晃晃地来了。

（4）"摇晃"可无须助词"的"而直接用作定语，而"摇"则一般不能。如：

摇晃 can be used as attribute modifier without the particle 的, but generally 摇 cannot.

她从船身的摇晃程度中知道今天的风浪很大。
台湾发生6级地震，摇晃时间1分钟。

（5）"摇晃"前面可加定语修饰语，可用作双音节动词的宾语，如：

摇晃 can follow attribute modifier, and can be used as object. But generally 摇 cannot.

我感觉到房屋有明显的摇晃。
房子终于停止了摇晃。

附："摇摆"和"摇晃"的差异

PS: The differences between **摇摆** and **摇晃**

1.语义上有细微的差异："摇摆"侧重指因为外力的作用导致某人或物"摇"；而"摇晃"有两个意思：一是指因为外力的作用导致某人或物"摇"；二是指人或

257

物因为本身不稳而"摇"。所以，如果语境要求"人或物本身不稳而'摇'"义时，动词只能用"摇晃"。如：

1. There is a little difference in their meanings: 摇摆 emphasize on rocking caused by outside force; but 摇晃 has two meanings, the first one is the same as 摇摆, the second one means someone or something is unsteady and shaky.

这张用了十年的桌子有点儿摇晃了。
牙齿有点儿摇晃，可以去医院拔掉。
这书架摇摇晃晃的，怎么放书啊？

2．用法上有细微的差异：
The differences in their usages are:

（1）如果动作的目的是要"摇"容器里面的东西，则只能用"摇晃"，如：
If the purpose of the action is to shake something inside a container, only 摇晃 can be used.

喝药之前，请先摇晃瓶子。
你把碗摇晃一下，里面的糖会融化得快一些。

（2）"摇摆"一般不带结果补语，而"摇晃"则可以。如：
Generally 摇摆 cannot carry result complement, but 摇晃 can.

她把鸡蛋摇晃坏了。
妈妈把我的牙齿摇晃掉了。
书架都被你摇晃散了。

自测练习：用"摇"或者"摇晃"填空。
Exercise: Please fill in the blanks with 摇 or 摇晃.

1．请你不要____桌子，行吗？
2．我喜欢____桨。
3．他把孩子____哭了。
4．你____醒孩子了！
5．这船____得太厉害了。
6．随着人们____地前进。
7．____强度不能太大。

8. 我没有感觉到一点儿____。

参考答案 (Answers)：1. 摇/摇晃；2. 摇；3. 摇/摇晃；4. 摇；
5. 摇/摇晃；6. 摇晃；7. 摇晃；8. 摇晃

要甲 & 需要甲

词语释义 (Explanation of Words)

要 yào

（1）希望得到；索取 (to want; to wish)：要一本字典 | 要苹果 | 要吃什么

（2）应该；必须 (should; must)：你每天要来上课

（3）需要 (to require or need)：去北京坐飞机要三个小时

需要 xūyào

希望得到；应该有，必须有 (to need or want or require)：需要一支笔

词语辨析 (Analysis)

"要"与"需要"的意思基本相同，用法上的异同主要有：

The meanings of 要 are basically the same as 需要. The similarities and differences in their usages can be expressed as followings:

（1）二者都可带名词性宾语、动词性宾语和小句宾语，如：

Both 要 and 需要 can carry nominal object, verbal object, and clause object.

我要一本《英汉词典》。
我需要一本《英汉词典》。
你要好好休息。
你需要好好休息。
我要你来帮我。
我需要你来帮我。

但当宾语是表示人的名词或代词时，意思稍有不同，如：

But if the object refers to person, the meaning of 要 + *sb*. is different from 需要 + *sb*. The former means the subject want to own sb. , and the latter means to want to get help from sb.

孩子要妈妈。（"想"或者"希望得到"妈妈）

孩子需要妈妈。（应该有妈妈或者希望得到妈妈的帮助等）

我要你。（希望得到"你"这个人）

我需要你。（希望得到"你"某方面的帮助等）

（2）当语境要求"索取"义时，动词只能用"要"，如：

When the context needs the meaning of *asking for*, 要 should be used.

她总是找我要钱。

他要账去了。

我去公司要我的工资。

我终于要回自己的车子了。

学校给我打电话要学费。

（3）如果前面有表示程度的修饰语，则只能用"需要"，如：

Degree adverb can only be used before 需要.

现在我非常需要食物。

农村特别需要水。

我们都很需要你。

我十分需要你的帮助。

（4）如果前面有定语修饰语，则只能用"需要"。如：

Attribute modifier generally will be used before 需要.

人吃饭，不但是肚子的需要，而且是一种精神需要。

我们都有很多种需要。

有什么需要尽管说。

（5）用在动词后作宾语时，只能用"需要"。如：

需要 can be used as the object, but 要 cannot.

感情要服从需要。

一有需要就说出来。

（6）二者后面都可接助词"过"，如：

Both 要 and 需要 can be followed by particle 过.

我要过很多东西。

我**需要**过很多东西。

但是，助词"着""了"前面，多用"要"，如：
But particle 着 and 了 generally will follow 要.

你又在**要**着什么呢？

我**要**了两件衣服。

不过，被动句中助词"着"前，多用"需要"，如：
But in passive sentence, particle 着 will follow 需要.

她被很多人**需要**着。

被人**需要**着也是一种幸福。

自测练习：用"要"或者"需要"填空。
Exercise: Please fill in the blanks with 要 or 需要.

1. 你____点儿什么？
2. 从学校去我家坐车____三个小时。
3. 孩子找妈妈____水喝。
4. 我很____帮助。
5. 我们应该满足孩子的日常____。
6. 有____就给我打电话。
7. 我____了一碗面条。
8. 他在那里____着饺子呢。

参考答案 (Answers)：1. 要 / 需要； 2. 要 / 需要； 3. 要； 4. 需要；
　　　　　　　　　　　5. 需要； 6. 需要； 7. 要； 8. 要

应丙 & 答应乙

词语释义 (Explanation of Words)

应 yìng

（1）回答或随声相和 (to answer or echo)：应答｜呼应｜应对（答对）｜应和（hè）
（2）接受；允许；答应要求 (to accept or promise)：应邀｜应聘｜应考

（3）顺应，适应 (to suit)：应时

（4）对待 (deal with)：应付｜应变｜应酬

答应 dāying

（1）出声回答 (to answer; to reply; to respond)：我叫了半天，屋里没有人答应

（2）表示允诺、同意 (to promise or agree)：我答应你的要求｜你答应了吗？

词语辨析 (Analysis)

"应"至少有以上四个常用义，其中第一个和第二个意义与"答应"义同。

应 has at least four common meanings as above, among which the first and the second meaning are the same as 答应.

"应"用作第一、二个义项时，与"答应"在用法上的异同主要有：

When 应 is used in the first or second meaning, the similarities and differences in usages between 应 and 答应 can be expressed as followings:

（1）二者都可带数量宾语，如：

Both 应 and 答应 can carry object acted by construction *numeral + quantifier*.

孩子应了一句就走了。

孩子答应了一句就走了。

"要求"类名词性宾语前，用"应""答应"都可以，如：

Both 应 and 答应 can carry object referring to requirement.

他应了我的要求。

他答应了我的要求。

我是应他的请求去帮忙的。

我是答应他的请求去帮忙的。

但是，别的宾语前，一般只能用"答应"，如：

But other object generally can only follow 答应.

你答应这件事了？

他答应我了。

她答应给我十块钱。

张大妈答应帮忙。

妈妈答应下个月来中国看我。

（2）二者都可接趋向补语、状态补语、动量补语，如：

Both 应 and 答应 can carry directional complement, state complement, action-measured complement.

你这么快就应下来了？
你这么快就答应下来了？
刚才应得好好的，怎么现在又变了？
刚才答应得好好的，怎么现在又变了？
他应了一声。
他答应了一声。

不过，可能补语前，多用"答应"，如：
But potential complement generally will follow 答应.

这种事情我答应不得。
我答应不了这么多要求。

（3）"答应"前可加状语修饰语，而"应"前一般不能。如：
Adverbial modifier generally will be used before 答应.

朋友要他买票，他满口答应了。
她很快答应了我的要求。
他连连答应"好"。
没想到她痛快地答应了。

（4）"答应"前面可加定语修饰语，但是"应"前则一般不能。如：
答应 can follow attribute modifier, but generally 应 cannot.

我没有听见他的答应。
我不喜欢她这种亲热的答应。
这是一种无可奈何的答应。

（5）"答应"可以用作宾语，"应"则一般不能这样用。如：
答应 can be used as object, but generally 应 cannot.

点头就表示答应。
这就算答应。

（6）单独作谓语时，一般用"答应"。如：
答应 can be used as predicate independently, but generally 应 cannot.

老师只得答应。

他不该答应。
你就答应吧。

（7）"应"可用作词素，如"应邀""应聘""应允""回应""有求必应"。
应 can be used as morpheme to build other words, such as 应邀, 应聘, 应允, 回应, 有求必应, and so on.

老师应邀来参加我们的晚会。
我是来应聘的。
要想离婚，就必须应允他三个条件。
如何回应别人的道歉电话？
他对每一个人都是有求必应。

自测练习：用"应"或者"答应"填空。

Exercise: Please fill in the blanks with 应 or 答应.

1. 他____了一句，可是我没听见。
2. 我不会____你的。
3. 妈妈____给我五块钱。
4. 他____帮我。
5. 请你____我一个要求。
6. 这件事情我____不了。
7. 没想到她高兴地____了。
8. 我想请两天假，可老师不____。

参考答案 (Answers)：1．应 / 答应；2．答应；3．答应；4．答应；
5．答应； 6．答应；7．答应；8．答应

用甲 & 使用甲

词语释义 (Explanation of Words)

用 yòng

（1）使用 (to use; to employ; to apply)：用笔写字 ｜ 用钱 ｜ 用筷子

（2）需要（多含否定义）[to need(usually in the negative)]：不用开灯｜不用你操心

（3）吃、喝的敬语说法 (to substitute for the word eat or drink in respect situation)：用餐｜请用茶

使用 shǐyòng

使人或物为某种目的服务 (to use)：使用筷子｜使用新武器

词语辨析 (Analysis)

"用"至少有以上三个常用义，其中第一个意义与"使用"义同。

用 has at least three common meanings as above, among which only the first one is the same as 使用.

"用"用作第一个义项时，与"使用"在用法上最明显的异同主要有：

When 用 is used in the first meaning, the similarities and differences in usages between 用 and 使用 can be expressed as followings:

（1）二者都可以带名词性宾语，如：

Both 用 and 使用 can carry nominal object.

我不想用它。
我不想使用它。
用这种发夹的女孩儿很多。
使用这种发夹的女孩儿很多。

不过单音节名词宾语前，多用"用"，如：

But the monosyllabic object generally will follow 用.

我们每天都得用钱。
他在用水。
请节约用电。

（2）用作连动结构的第一个动词时，多用"用"，如：

The first verb in *liandong* pattern generally should be 用.

孩子用纸包住书。
用火烧。
她用力踢石头儿。
请用汉语说。
她用几乎听不见的声音轻轻说道："你真好！"。

（3）二者都可接趋向补语、可能补语、结果补语"完"，如：

Both 用 and 使用 can carry directional complement, potential complement, result complement 完.

这种工具用起来很方便。
这种工具使用起来很方便。
这种筷子用不得。
这种筷子使用不得。
用完的车票别随便丢。
使用完的车票别随便丢。

不过，"完"以外的结果补语前，多用"用"，如：

But besides 完, other result complement generally will follow 用.

他用坏了两台电脑。
他把我的书用破了。
碗都用烂了。
我们用尽了各种办法。

"动＋得／不着"中的动词，一般用"用"，如：

用 can be used as the verb in pattern *verb*＋得／不着.

有用得着我的地方尽管叫我。
这钱我们用不着。

（4）"使用"可直接用作定语修饰语，如：

使用 can be used as attribute without the particle 的, but 用 generally cannot.

这种东西没有什么使用价值。
筷子的使用方法很简单。（"使用方法"可简称为"用法"）
我们只能拥有房屋的使用权。

（5）"用"可用作词素构成别的词语，如"用处""用具""日用品""用户""公用"：

用 can be used as morpheme to build other words, such as 用处，用具，日用品，用户，公用，and so on.

这种东西用处可大了。

那是什么用具？

我去超市买日用品。

用户请登录。

这个厕所是公用的。

自测练习：用"用"或者"使用"填空。

Exercise: Please fill in the blanks with 用 or 使用 .

1. 中国人都会____筷子。

2. 请不要____力！

3. 她____手吃饭。

4. 我们____铅笔写字。

5. 很多人____不起汽车。

6. 她____破三个手机了。

7. 我去超市买日常____品。

8. 这种化妆品的____效果怎么样？

参考答案 (Answers)：1．用／使用；2．用；3．用；4．用；
　　　　　　　　　　　 5．用／使用；6．用；7．用；8．使用

有甲 & 具有乙

词语释义 (Explanation of Words)

有 yǒu

（1）表示领有，具有（跟"无"或"没"相对) (have; possess)：有钱

（2）表示存在 (there is; there exists)：教室里有十个人

（3）表示估量或比较 (indicates an estimate or comparison)：这条鱼有四斤多重

（4）表示发生或出现 (happen; appear)：他的汉语水平有进步

具有 jùyǒu

有 [have (sth. immaterial); possess]：一个人应该具有诚实的品质

词语辨析 (Analysis)

"有"至少有以上四个常用义,其中第一个意义与"具有"义同。

有 has at least four common meanings as above, among which only the first meaning is the same as 具有.

"有"用作第一个义项时,与"具有"在用法上的异同主要有:

When 有 is used in the first meaning, the similarities and differences in usages between 有 and 具有 can be expressed as followings:

(1) 二者都能带抽象名词性宾语,如:

Both 有 and 具有 can carry nominal object.

行动比说话更有说服力。
行动比说话更具有说服力。
这样做有什么意义?
这样做具有什么意义?

但是,光杆抽象名词作宾语(即抽象名词与动词之间没有别的语言成分)时,动词多用"有",如

Object acted by bare abstract noun, generally will follow 有.

小王特别有干劲。
我有能力做好这个工作。
她是一个有思想的姑娘。

如果宾语是具体名词性词语,则动词多用"有",如:

Object acted by concrete noun generally will follow 有.

我有两本书。
她有两件衣服。
我们有十万块钱。
他们家有三套房子。

(2) "有"的否定式是"没有";"具有"的否定式是"不具有":

The negative form of 有 is 没有, and the negative form of 具有 is 不具有.

她有妈妈,没有爸爸。
这件事情不具有任何历史意义。

（2）二者都可以接助词"了"，如：
Both 有 and 具有 can carry particle 了.

当女人有了独立性以后，就会更坚强。
当女人具有了独立性以后，就会更坚强。

但是，助词"着""过"前，多用"有"，如：
But particle 着 and 过 generally will follow 有.

他有着说不完的故事。
你有过几个男朋友？
我们曾经有过很多钱。

自测练习：用"有"或者"具有"填空。

Exercise: Please fill in the blanks with 有 or 具有.

1. 她____一定的能力。
2. 这么做____意义吗？
3. 你____词典吗？
4. 我没____美元。
5. 他不____男子汉的气魄。
6. 对面的屋顶____着欧洲的风格。
7. 当他们____了这样的能力以后，事情就会变得很简单。
8. 她感受到了从未____过的快乐。

参考答案 (Answers)：1．有 / 具有；2．有；3．有；　　4．有；
　　　　　　　　　　　5．具有；　6．有；7．有 / 具有；8．有

有甲 & 拥有丁

词语释义 (Explanation of Words)

有 yǒu

（1）表示领有，具有（跟"无"或"没"相对）(have; possess)：有钱
（2）表示存在 (there is; there exists)：教室里有十个人

（3）表示估量或比较 (indicates an estimate or comparison)：这条鱼有四斤多重

（4）表示发生或出现 (happen; appear)：他的汉语水平有进步

拥有 yōngyǒu

领有；具有大量的土地、人口、财产等 (have; possess; own (a great deal of land, population, property, etc.))：中国拥有十多亿人口

词语辨析 (Analysis)

"有"至少有以上四个常用义，其中第一个意义与"拥有"义同。

有 has at least four common meanings as above, among which only the first one is the same as 拥有.

"有"用作第一个义项时，与"拥有"在用法上的异同主要有：

When 有 is used in the first meaning, the similarities and differences in usages between 有 and 拥有 can be expressed as followings:

（1）二者都可以带宾语，如：

Both 有 and 拥有 can carry object.

小王有一万块钱。

小王拥有一万块钱。

我有足够的时间来处理这件事情。

我拥有足够的时间来处理这件事情。

但是，当宾语是具体名词时，用"有"和"拥有"在意思上稍有差异：用"有"只是客观陈述一个事实，而用"拥有"则有强调数量多或比较特殊或来之不易等意思。如：

But there is a little difference between pattern 有 ＋ numeral ＋ quantifier ＋ noun and 拥有＋ numeral ＋ quantifier ＋ noun: the former is used to state a fact, but the latter emphasize on something quantative or difficult to get.

我有一本书。（客观陈述事实）

我拥有一本书。（对"我"来说，这"一本书"不一般）

孩子有一块钱。（客观陈述事实）

孩子拥有一块钱。（对孩子来说，"一块钱"并不少）

我希望有一个这样的妹妹。（客观陈述事实）

我希望拥有一个这样的妹妹。（"这样的妹妹"对我来说，不一般）

人称代词宾语前，一般用"拥有"，如：
Object acted by person pronoun generally will follow 拥有.

麦克想拥有她。
我拥有你，你拥有我。
哪怕让我再拥有你一天也好。

其他单音节宾语前，多用"有"，如：
Other monosyllabic object generally will follow 有.

小王有钱。
我有书。
她有力。
你有水吗？

具体名词性宾语前没有数量词语时，动词多用"有"，如：
Object acted only by noun, without numeral quantifier, will generally follow 有.

小王有现金。
她有男朋友了。
我有杯子。
你有咖啡吗？

（2）"有"前面可加程度副词"很""非常""特别""十分"等，"拥有"则不能。如：
有 can follow degree adverb, but 拥有 cannot.

她很有女人味儿。
人们都说我非常有思想。
老板特别有钱。
这个东西十分有价值。

（3）"拥有"可以直接用作定语；"有"则不能：
拥有 can be used as attribute modifier, but 有 cannot.

他是这个公司的拥有者。
听说中国的家庭汽车拥有量已经达到世界前列了。

附："具有"与"拥有"的差异
PS: The differences between 拥有 and 具有

二者的差异主要体现在带宾语方面："具有"只能带抽象名词性宾语，而"拥有"虽然也能带抽象名词性宾语，但主要是带具体名词性宾语。如：

The differences between 拥有 and 具有 mainly lie in object: Generally, 拥有 can only carry object acted by abstract noun, but 具有 has no limit to this.

行动比说话更具有说服力。
她拥有一定的资金。
他拥有七套房子。

自测练习：用"有"或者"拥有"填空。
Exercise: Please fill in the blanks with 有 or 拥有．

1. 中国____丰富的地下水资源。
2. 她____一百美元。
3. 我____力！
4. 你不想____她吗？
5. 你____自行车吗？
6. 我对汉语特别____兴趣。
7. 我家里很____一些汉语书。
8. 谁是这辆车的____者？

参考答案 (Answers)：1. 有 / 拥有；2. 有 / 拥有；3. 有；4. 拥有；
5. 有；　　6. 有；　　7. 有；8. 拥有

怨丙 & 埋怨丁

词语释义 (Explanation of Words)

怨 yuàn

（1）仇恨（resentment）：怨恨｜恩怨｜宿怨｜怨仇｜怨敌
（2）不满意，责备（blame）：这事不能怨他｜她总是怨自己笨

埋怨 mányuàn

因为事情不如意而不满或怨恨 (blame;complain;grumble):埋怨别人

词语辨析 (Analysis)

"怨"至少有以上两个常用义,其中第二个意义与"埋怨"义同。

怨 has at least two common meanings as above, among which only the second one is the same as 埋怨.

"怨"用作第二个义项时,与"埋怨"在用法上的异同主要有:

When 怨 is used in the second meaning, the similarities and differences in usages between 怨 and 埋怨 can be expressed as followings:

(1) 二者都可以带名词性宾语和小句宾语,如:

Both 怨 and 埋怨 can carry object acted by nominal words and clause.

他怨我。
他埋怨我。
她总是怨自己笨。
她总是埋怨自己笨。

但是,当主语是事情或主语没出现时,动词要用"怨",如:

But if the subject refers to something, or there is no subject, 怨 will be used.

这事儿不怨你。
这不能怨我,只能怨你自己不小心。
你自己没本事儿,能怨我吗?
都怨你爸爸挣的钱太少了。

动词性宾语前,一般用"埋怨",如:

If the object is acted by verbal words, generally 埋怨 will be used.

我走走停停,几步一回头,以至学生埋怨走得太慢。
有的演员埋怨拍戏太累。

(2) 二者都可以接趋向补语,如:

Both 怨 and 埋怨 can carry directional complement.

你怎么怨起我来了?
你怎么埋怨起我来了?

不过，可能补语、结果补语前，多用"怨"，如：
But generally, potential complement and result complement will follow 怨.

你自己不小心，怨得着别人吗？
他自己学习不努力，怨不得老师。
他心里怨死我了。

（3）"埋怨"前面可以加定语修饰语，"怨"则一般不能。如：
埋怨 can follow attribute modifier, but generally 怨 cannot.

老师们也有很多埋怨。
我没有半点埋怨。
多一些理解，少一些埋怨。
我没有任何埋怨。

（4）"埋怨"可以用作状语，"怨"则一般不能。如：
埋怨 can be used as adverbial modifier, but generally 怨 cannot be used in this way.

老师埋怨说："你们来得也太晚了。"
她埋怨地看了我一眼。

（5）"埋怨"可以单独用作谓语，"怨"则一般不能。如：
埋怨 can be used as predicate independently, but generally 怨 cannot.

亲人埋怨，医生不解。
不要再埋怨！

（5）"怨"可以用作词素，如"私怨""宿怨""恩怨""抱怨""怨言""怨气""怨恨""怨天尤人"。

怨 can be used as morpheme to build some words, such as 私怨, 宿怨, 恩怨, 抱怨, 怨言, 怨气, 怨恨, 怨天尤人, and so on.

他的不满意并非出自私怨。
这是老鼠与猫之间的宿怨。
你们到底有什么恩怨？
妈妈经常抱怨我不好好学习。
你怎么有那么多怨言？
怨气发出来就舒服了。

不必对她有任何怨恨。

不要怨天尤人了。

自测练习：用"怨"或者"埋怨"填空。
Exercise: Please fill in the blanks with 怨 or 埋怨.

1. 你不要____我。
2. 有些人总是____自己笨。
3. 她____吃得太慢。
4. 这事儿就____她。
5. 这是你自己的原因，____不得别人。
6. 妈妈____地说："你怎么这么不小心！"
7. 家里的____，心里的委屈，他们都默默地承受了。
8. 只要一逛街，他就会____："怎么又花这么多钱？"

参考答案 (Answers)：1．怨／埋怨；2．怨／埋怨；3．埋怨；4．怨；
5．怨； 6．埋怨； 7．埋怨； 8．埋怨

愿丙 & 愿意甲

词语释义 (Explanation of Words)

愿 yuàn
愿意，希望 (wish; hope)：愿去｜不愿讲｜自愿｜但愿如此

愿意 yuànyi
认为符合自己心愿而同意或希望 [做某事](wish; hope)：愿意听｜愿意说｜愿意跟他结婚

词语辨析 (Analysis)

"愿"和"愿意"的意思基本相同，用法上的异同主要有：
The meaning of 愿 is identical with 愿意, the similarities and differences in their usages can be expressed as followings:

（1）二者都可以带动词性宾语和小句宾语，如：

Both 愿 and 愿意 can carry object acted by verbal words and clause.

没有人愿去北京。
没有人愿意去北京。
我们都愿听他说话。
我们都愿意听他说话。
孩子愿一个人待在家里看电视。
孩子愿意一个人待在家里看电视。

但是，如果宾语由祝福性或希望性的词语构成，则动词只能用"愿"，如：
But if the object refers to wish or hope, generally 愿 will be used.

愿我们大家都能顺利通过。
愿你早日康复！
愿我老了以后也能像他一样健康。
愿你们白头偕老！

（2）程度副词"很""十分""非常""比较"后面多用"愿意"，如：
Degree adverb 很, 十分, 非常, 比较 generally will follow 愿意.

他很愿意帮助我。
十分愿意为您服务。
她非常愿意上汉语课。
我比较愿意看韩剧。

（3）单独用作谓语时，多用"愿意"，如：
愿意 can be used as predicate independently, but 愿 generally cannot.

她低着头说："我愿意。"
就是唱一天，他也愿意。
如果她愿意，我们就结婚。

（4）"愿意"可以接助词"了"，"愿"一般不能。如：
愿意 can carry particle 了, but generally 愿 cannot.

他愿意了吗？
她好不容易才愿意了。
愿意了就跟他走吧。

（5）"愿"可用作词素，如"自愿""宁愿""甘愿""情愿""意愿""心愿""如愿""愿望""心甘情愿"。

愿 can be used as morpheme to build some words, such as 自愿, 宁愿, 甘愿, 情愿, 意愿, 心愿, 如愿, 愿望, 心甘情愿, and so on.

他自愿帮助我们。
我宁愿他在撒谎。
我甘愿再被她骗一次。
这不是我情愿的。
他的话代表了群众的意愿。
你有什么心愿？
总算如愿了。
你的愿望是什么？
我心甘情愿地为他服务。

自测练习：用"愿"或者"愿意"填空。

Exercise: Please fill in the blanks with 愿 or 愿意.

1. 学生都____听老师讲故事。
2. 很多小孩不____自己一个人玩儿。
3. 他非常____做我的男朋友。
4. 她十分____和我在一起。
5. 只要她____，我们明天就出发。
6. 你____了没有？
7. 不是我逼她，她是自____的。
8. ____我们一切顺利。

参考答案 (Answers)：1. 愿/愿意； 2. 愿/愿意； 3. 愿意； 4. 愿意；
　　　　　　　　　　　5. 愿意； 6. 愿意； 7. 愿； 8. 愿

Z

找甲 & 寻找乙

词语释义 (Explanation of Words)

找 zhǎo

（1）为了要见到或得到所需求的人或事物而努力 (look for; seek)：找朋友｜找钱包

（2）把超过应收的部分退回 [give (sb. his) change]：找你两块钱

寻找 xúnzhǎo

找 (look for; seek)：寻找失物｜寻找出路

词语辨析 (Analysis)

"找"至少有以上两个常用义，其中第一个意义与"寻找"义同。

找 has at least two common meanings as above, among which only the first one is the same as 寻找.

"找"用作第一个义项时，与"寻找"在用法上的异同主要有：

When 找 is used in the first meaning, the similarities and differences in usages between 找 and 寻找 can be expressed as followings:

（1）二者都可以带名词性宾语。如果宾语所表示的人或物丢失了，则用"找""寻找"都可以。如：

Both 找 and 寻找 can carry object. If the object refers to somebody or something lost, both 找 and 寻找 can be used.

他们在找孩子。

他们在寻找孩子。

他在找铅笔。
他在寻找铅笔。

如果宾语所表示的人或物不是丢失不见了,则动词得用"找",如:
If the object is not somebody or something lost, generally 找 should be used.

你们找人去请医生。
得找医生来看看。
我自己找了杯水喝。
孩子喜欢自己找书看。

在对话中,多用"找",如:
In dialogue, generally 找 will be used.

请问,你找谁?
我找张老师。
你在找什么?

如果宾语是配偶类词语,则多用"找"。如:
If the object refers to a spouse, 找 will be used.

他还没有找女朋友。
我觉得找丈夫,人老实是最重要的。

单音节动词宾语前,用"找",如:
Verbal monosyllabic object will follow 找.

你这是找打。
你找死啊!

(2)二者都可以带"数量名"宾语,不过"找"后的数词"一"可省略,而"寻找"后则一般不能:
Both 找 and 寻找 can carry object acted by *numeral + quantifier + noun*, but the numeral 一 after 找 can be omitted, and cannot be omitted when after 寻找.

到房子后面去找(一)条绳子。
到房子后面去寻找一条绳子。

(3)二者都可以接趋向补语、可能补语、结果补语"到",如:
Both 找 and 寻找 can carry directional complement, potential complement, result

complement 到.

失去的东西从来没有找回来过。
失去的东西从来没有寻找回来过。
为什么我找不到自己的优点？
为什么我寻找不到自己的优点？
怎么才能找到一个人？
怎么才能寻找到一个人？

不过，状态补语、"到"以外的结果补语、可能补语"得/不着""得/不到"前，多用"找"，如：

But state complement, result complement other than 到, and potential complement 得/不着, 得/不到, generally will follow 找.

孩子找得很认真。
我们的书找着了。
你把我们找苦了。
我找遍了房间都没找着。
都三天了，不知道还找得着找不着。

（4）"寻找"可直接用作定语修饰语，但是"找"一般不能。如：

寻找 can be used as attribute modifier, but generally 找 cannot.

他们已经开始了艰难的寻找工作。
在寻找途中，我们遇到了很多困难。

（5）"找"可重叠，"寻找"一般不能这样用。

找 can be used in reduplicated form, but generally 寻找 cannot.

我们去楼下找一找吧。
她随便找了找，没找到。

自测练习：用"找"或者"寻找"填空。

Exercise: Please fill in the blanks with 找 or 寻找.

1. 他在____好一点儿的酒店。
2. 我想____人来修电脑。
3. 玛丽想____苹果吃。

4. 我____本书。
5. 你在____一个女孩儿？
6. 你好！请问你____谁？
7. 他____女朋友了。
8. 你____着你的钱包了没有？
9. 我____不到我的游泳衣。
10. 我们去操场上____一____吧。

参考答案 (Answers)：1．找 / 寻找；2．找；3．找；4．找；
5．找 / 寻找；6．找；7．找；8．找；
9．找 / 寻找；10．找，找

治乙 & 治疗丙

词语释义 (Explanation of Words)

治 zhì

（1）治疗，医治 (cure; heal; treat)：治病｜治感冒｜治胃病｜治嗓子发炎

（2）消灭 [害虫][(of pests) exterminate]：治虫子｜治蟑螂｜用农药治虫害

治疗 zhìliáo

用药物、手术等消除疾病 (cure; heal; treat)：治疗高血压｜治疗心脑血管疾病

词语辨析 (Analysis)

"治"至少有以上两个常用义，其中第一个意义与"治疗"义同。

治 has at least two common meanings as above, among which only the first one is the same as 治疗.

"治"用作第一个义项时，与"治疗"在用法上的异同主要有：

When 治 is used in the first meaning, the similarities and differences in usages between 治 and 治疗 can be expressed as followings:

（1）"治""治疗"都能接名词性宾语、动词性宾语。如：

Both 治 and 治疗 can carry nominal object and verbal object.

这种药确实能治很多病。

这种药确实能治疗很多病。
他一天能治好几个病人呢。
他一天能治疗好几个病人呢。
你们能治呕吐吗？
你们能治疗呕吐吗？

但是，单音节词宾语前，多用"治"，如：
But the monosyllabic object generally will follow 治.

大夫给我们治病。
医生在给她治伤。

当宾语是双音节心理动词时，多用"治疗"。如：
If the object is acted by psychological verb, generally 治疗 will be used.

时间是治疗痛苦的药。
世界上有没有治疗寂寞的药？

（2）二者都可接可能补语、趋向补语、结果补语"好""完"，如：
Both 治 and 治疗 can carry potential complement, directional complement, result complement 好 and 完.

这种病治不好。
这种病治疗不好。
胃病治起来比较麻烦。
胃病治疗起来比较麻烦。
他的咽炎治好了。
他的咽炎治疗好了。
这种病治完后要注意什么？
这种病治疗完后要注意什么？

"好""完"以外的结果补语前，多用"治"，如：
But besides 好 and 完, other result complement generally will follow 治.

到底还是没治住你喝酒的毛病。
我们都夸她治愈了一个酒鬼。
医生把活人治死了。

（3）"治疗"可直接用作定语（无须助词"的"），但是"治"一般不能这样用。如：

治疗 can be used as attribute modifier without the particle 的, but generally 治 cannot.

有没有更好的治疗方法？（"治疗方法"可简称为"治法"）

每天都有治疗方案。

医院都得遵守治疗原则。

治疗期间，病人要进行全面的检查。

（4）"治疗"前可加定语修饰语，但是"治"前一般不能。如：

治疗 can follow attribute modifier, but 治 generally cannot.

经过各种治疗，他的病终于好了。

我想得到最好的治疗。

癌症得做放射治疗。

（5）"治疗"可用作某些双音节动词的宾语，但是"治"一般不能。如：

治疗 can be used as object, but 治 generally cannot.

他被迫对这个病人进行治疗。

她在医院里接受治疗。

每一个病人都得到了治疗。

医院对他停止了治疗。

（6）"治"可重叠，"治疗"则一般不能。如：

治 can be used in reduplicated form, but 治疗 generally cannot.

你的胃病得治一治了。

想办法治治你那睡懒觉的毛病。

（7）"治"可用作词素，如"主治（医生）""医治""诊治""救治"：

治 can be used as morpheme to build some words, such as 主治（医生）, 医治, 诊治, 救治, and so on.

她是外科的主治医生。

王医生主治心脏病。

这病能医治好吗？

请医生为她诊治。

这些人根本没有必要救治。

自测练习：用"治"或者"治疗"填空。

Exercise: Please fill in the blanks with 治 or 治疗.

1．我想买____小孩拉肚子的药。
2．他不想给别人____病。
3．医院里没有____痛苦的药。
4．这家医院____不了我的病。
5．听说那个医生曾经____死了一个人。
6．这个人病得很厉害，请立即给予____。
7．医生，请____一____我的脚，好吗？
8．王医生是这个病房的主____医生。

参考答案 (Answers)：1．治/治疗；2．治； 3．治疗； 4．治/治疗；
5．治； 6．治疗；7．治；治；8．治

住甲 & 居住丙

词语释义 (Explanation of Words)

住 zhù

（1）居住；住宿 (live; stay; reside)：住七楼｜住宾馆｜这间屋子住三个人
（2）停住；歇下 (stop; cease)：住手｜雨住了

居住 jūzhù
较长时间住在某个地方或较长期地住在一起 (live)：在北京居住了三年

词语辨析 (Analysis)

"住"至少有以上两个常用义，其中第一个意义与"居住"义同。不过，"住"用作第一个义项时，与"居住"在意义上也稍有差异："住"的时间可长可短，而"居住"的时间一般都比较长。所以，如果时间比较短，那就只能用"住"而不能用"居住"。如：

我在那家宾馆住过两天。

住 has at least two common meanings as above, among which only the first one is the same as 居住. But even when 住 is used in the first meaning, there is still a little difference between 住 and 居住: the time for 居住 is comparatively long, but 住 has no limit.

"住"用作第一个义项时，与"居住"在用法上的异同主要有：
When 住 is used in the first meaning, the similarities and differences in usages between 住 and 居住 can be expressed as followings:

（1）"住"可以带施事宾语，而"居住"则一般不能，如：
住 can carry object referring to the agent, but generally 居住 cannot.

这个房间可以住七个人。
这幢楼没住学生。

（2）二者都能后接处所词语，不过，介词"在"位于"住"后时可省略；而位于"居住"后时，则一般不能省略，如：
Both 住 and 居住 can be followed by location words. But the preposition 在 after 住 can be omitted, and cannot be so when after 居住.

他住（在）留学生宿舍楼。
他居住在留学生宿舍楼。
你最喜欢住（在）哪个国家？
你最喜欢居住在哪个国家？
大卫喜欢住（在）农村。
大卫喜欢居住在农村。

（3）如果只是暂时性的行为，则一般只能用"住"，如：
If the action is just temporary, generally 住 will be used.

他有一个朋友住院了。
你就在我家住一个晚上吧。
你想住这个旅店吗？
他随便在哪儿都可以住几天。

（4）二者都可以接双音节趋向补语，如：
Both 住 and 居住 can carry disyllabic directional complement.

这种房子住起来应该很舒服。
这种房子居住起来应该很舒服。

不过,"住"还可以接单音节的趋向补语、可能补语、结果补语、状态补语,如:
But 住 can also carry monosyllabic directional complement, potential complement, result complement, and state complement.

我们就在这儿住下吧。
这个房间住不了五个人。
宾馆已经住满了。
他在这个城市已经住烦了。
我在别人家住得不方便。

(5)"居住"可直接用作双音节词的定语修饰语,"住"可直接用作单音节词的定语修饰语,如:
居住 can be used as attribute modifier for disyllabic noun, and 住 can be used as attribute modifier for monosyllabic noun.

在中国居住期间,他一直在坚持学习汉语。
那里的居住条件十分糟糕。
他没有在中国的居住资格。
你知道他的居住地址吗?
你知道他的住址吗?
谁也找不到他的住处。

(6)"住"可以用作补语,而"居住"则不能这样用。如:
住 can be used as complement, but 居住 cannot.

站住!
汽车停住了。
请把球接住。

自测练习:用"住"或者"居住"填空。
Exercise: Please fill in the blanks with 住 or 居住.

1. 这个破房子还能____人?
2. 他就____在我们家附近。
3. 山本不想____这儿了。
4. 人们出去旅游时一般都得____宾馆。

5. 宿舍楼已经____满了学生。
6. 连____问题都无法解决,更不用说找工作了。
7. 你是不是在找____房?
8. 生词太多了,我记不____。

参考答案 (Answers):1. 住;2. 住/居住;3. 住;4. 住;
        5. 住;6. 居住; 7. 住;8. 住

祝甲 & 祝愿丙

词语释义 (Explanation of Words)

祝 zhù

表示良好愿望,庆贺 [wish; offer (one's) compliments to]:祝寿｜祝你好运｜祝你健康快乐

祝愿 zhùyuàn

向某人表示良好愿望 (wish):祝愿他｜祝愿孩子健康成长｜祝愿世界杯获得圆满成功｜祝愿妈妈健康长寿

词语辨析 (Analysis)

"祝"和"祝愿"的意思基本相同,用法上的异同主要有:
The meaning of 祝 is basically the same as 祝愿. The similarities and differences in their usages can be expressed as followings:

(1) 二者都可带小句宾语,如:
Both 祝 and 祝愿 can carry object acted by clause.

祝你身体健康!
祝愿你身体健康!
祝你考出好成绩!
祝愿你考出好成绩!

不过,单音节宾语和形容词宾语前多用"祝",如:
But the object acted by monosyllabic word or adjective, generally will follow 祝.

我去给爷爷祝寿。

中国人喜欢送"福"祝平安。

祝好运!

（2）"祝愿"可以直接用在某些名词前作定语，如：

祝愿 can be used as attribute modifier without the particle 的, but generally 祝 cannot.

在大家的祝愿声中，她吹灭了蜡烛。

我是你永远的祝愿者。

（3）"祝愿"前面可加定语修饰语，"祝"则一般不能。如：

祝愿 can follow attribute modifier, but generally 祝 cannot.

这是对孩子的祝愿。

给老人送拐杖，也是表示对老人的一种祝愿。

我每天给她打电话送去我的祝愿。

他生病时收到了全班同学的祝愿。

（4）"祝愿"可用作某些动词的宾语，"祝"则一般不能。如：

祝愿 can be used as object, but generally 祝 cannot.

他代我向老师们表达祝愿。

她默默地看着病房里的他，像是祈祷，也像是祝愿。

（5）单独用作谓语（不带宾语）时，多用"祝愿"，如：

祝愿 can be used as predicate independently, but 祝 generally cannot.

我们默默地祝愿。

每次过节，他都为自己祝愿。

同学们互相祝愿。

（6）"祝"可用作词素，如"庆祝""祝福""祝词"：

祝 can be used as morpheme to build some words, such as 庆祝, 祝福, 祝词, and so on.

庆祝自己的二十岁生日。

我们祝福她。

他们写了很多祝词。

自测练习：用"祝"或者"祝愿"填空。

Exercise: Please fill in the blanks with 祝 or 祝愿.

1. ＿＿你们旅途愉快！
2. 聚餐时总能听到一些＿＿酒的话。
3. 人们买"福"字，目的是想讨吉利，＿＿平安。
4. ＿＿健康快乐！
5. 我们都喜欢听到＿＿声。
6. 过节的时候，你最好给朋友打电话送出你的＿＿。
7. 他低声地为自己＿＿。
8. 为庆＿＿国家的生日，全国放假三天。

参考答案 (Answers)：1. 祝 / 祝愿；2. 祝； 3. 祝； 4. 祝；
　　　　　　　　　　　5. 祝愿； 6. 祝愿；7. 祝愿；8. 祝

参考书目

[1] 国家汉语水平考试委员会办公室考试中心编：《汉语水平词汇与汉字等级大纲》（修订本），经济科学出版社 2011 年版。

[2] 杨寄洲主编：《汉语教程》（修订本），北京语言大学出版社 2006 年版。

[3] 孟琮等编：《汉语动词用法词典》，商务印书馆 1999 年版。

[4] 中国社会科学院语言研究所词典编辑室编：《现代汉语词典》（第六版），商务印书馆 2012 年版。

[5] 北京语言大学汉语水平考试中心编：《汉语 8000 词词典》，北京语言大学出版社 2000 年版。

[6] 于鹏主编：《留学生常用词语辨析 500 组》，北京大学出版社 2008 年版。

[7] 唐为群：《汉法常用近义词词义辨析》，武汉大学出版社 2011 年版。